AF389701

Y. 4594

DIVERS IEVX RV-
STIQVES, ET AVTRES
OEVVRES POETIQVES DE
IOACHIM DV BELLAY
ANGEVIN.

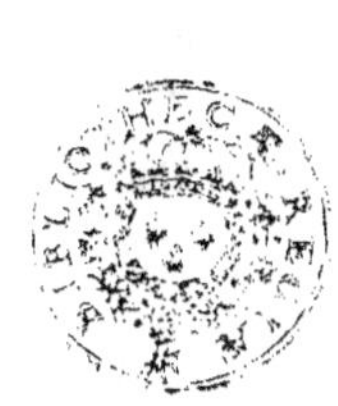

A PARIS,

De l'Imprimerie de Federic Morel, rue S. Ian
de Beauuais, au franc Meurier.

M. D. LVIII.

AVEC PRIVILEGE DV ROY.

AV LECTEVR.

L'auarice, & impudence de certains Imprimeurs, qui ne font confcience de fe iouer de la reputation d'autruy, pour faire indifferemment leur profit de tout ce qui tumbe entre leurs mains, a efté caufe (amy lecteur) que contre ma uolonté i'ay cy deuant publié la plus grand' part de ce que tu liz de moy, comme ie fais encores de ce que ie t'offre maintenât. Car combien que ce qui en eft le meilleur (f'il y a rien de bon) ne merite l'impreffion, fi eft-ce que i'ayme beaucoup mieulx, que tu le lifes imprimé correctement, que depraué par une infinité d'exemplaires, ou, qui pis eft, corrompu miferablement par un tas d'imprimeurs non moins ignorans, que temeraires & impudens. Ce qui m'a contrainct de recueillir par cy par là, comme les fuilletz de la Sibyile, toutes ces petites pie — ces affez mal confues, mais qui, peult eftre, ne te donneront moins de plaifir que beaucoup d'autres plus graues, plus polies, & mieulx agencees. Reçoy donques ce prefent, tel qu'il eft, de la mefme uolonté, que ie te le prefente : employant les mefmes heures à la lecture d'iceluy, que celles que i'ay employees à la compofition : c'eft le temps qu'on donne ordinairement au ieu, aux fpectacles, aux banquetz, & autres telles uoluptez de plus grands fraiz, & bien fouuent de moindre plaifir, pour le moins de recreation moins honefte, & moins digne d'un efprit liberalement inftitué. Quoy que ce foit, ceulx qui font ou fi feueres, que rien ne leur plaift f'il n'eft plein de doctrine, & antique erudition, ou fi delicatz, que leurs oreilles reiectét toutes chofes, fi elles ne font elabourees en perfection, le tiltre du liure les admonefte de ne paffer plus auant, & fe referuer à d'autres œuures que ie leur garde, plus dignes d'eux, i'entens f'ilz me ueulent departir tant de faueur, & à eulx mefmes tant de loyfir, que de les lire.　　　A Dieu.

A MONSIEVR DVTHIER
CONSEILLER DV ROY, ET
SECRETAIRE D'ESTAT.

D VTHIER, *dont la diligence,*
L *e ſçauoir & la prudence,*
L '*experience & la foy,*
D '*un ordinaire exercice*
T *rauaillent pour le ſeruice*
D *e la France & de ſon Roy :*
E *ncores qu'on ne raiſonne*
   Q *ue de Mars & de Bellonne,*
   D *e diſcorde & de fureur,*
   D *e ſoldatz, & de gendarmes,*
   D '*aſſaulx, de ſieges, d'allarmes,*
   D *e feu, de ſang, & d'horreur :*
N *e laiſſe pourtant de lire*
   L *es petiz uers, que ma lyre*
   T *e uient preſenter icy,*
   M *eſlant au bruit des trompettes*
   L *e ſon des doulces muſettes,*
   P *our addoulcir ton ſoucy.*
L *es uers qu'icy ie te chante,*
   Duthier ie ne les preſente

A ij

A ces fourciz renfrongnez,
A uxquelz tel ieu ne peut plaire,
E t qui souuent à rien faire
S ont les plus embesongnez.
M ais c'est pour toy que ie sonne,
  M ais c'est à toy que ie donne
  L e miel de telles doulceurs,
  O u des affaires plus graues
  S ouuent le souci tu laues,
  C her nourrisson des neuf Sœurs.
N e crains point qu'à tes oreilles
  L ors qu'aux affaires tu ueilles,
  I e me uienne presenter :
  M a Muse non importune
  E spira l'heure opportune,
  P our tes oreilles tenter.
E lle fournira ta table
  D ' un entre-mez delectable :
  E t en te parlant de moy
  D ira combien ie t'honore,
  E t de quelz liens encore,
  T u m'as obligé uers toy.
I e bastis à ta memoire
  L a plus memorable gloire,
  D ont ie fus onques sonneur.
  P endant la monstre ie t'offre
  D es pieces qu'au fond du coffre
  I e reserue à ton honneur.

LE MORETVM DE VIRGILE.

'E ſtoit au poinct, que la nuict hyuernale
A pproche plus de l'eſtoile iournale ,.
E t l'eueilleur du ruſtique ſeiour
I a par ſon chant auoit predict le iour :
L ors que Marſault, qui pour tout heritage
N e poſſedoit qu'un petit iardinage ,
C raignant des-ia la faim du iour ſuiuant
D e ſon grabat tout beau ſe ua leuant ,
E t taſtonnant auecques main ſoigneuſe
L 'obſcurité de la nuict ſommeilleuſe ,
C herche le feu, lequel il a trouué ,
A pres l'auoir à ſon dam eſprouué .
    L à d'une ſouche à demy conſumee
S ortoit encor quelque peu de fumee ,
E t ſoubz la cendre eſtoit le feu caché :
A lors Marſault auecques front panché
S ur le foyer, uient approcher ſa méche ,
E t attirant un peu deſtouppe ſeiche
D 'un fer pointu, ſoufle tant & ſi fort ,
Q u'il alluma le feu ia demy mort .
    L 'obſcurité faict place à la chandelle :
M arſault chemine, & touſiours au tour d'elle
P orte la main, pour la garder du uent ,

A iĳ

P uis ouure un huis, qui eſtoit au deuant .
D' un moncelet de froument il ua prendre
A utant que peult la meſure comprendre ,
Q ui enuiron ſeize liures contient .
I l part de là : à la meule ſ'en uient :
E t ſur un aix ſeruant à ceſt affaire
M et pres du mur ſon petit luminaire .
    A lors il ua deſplier ſes bras nuds ,
S es deux gros bras bien nerueux & charnus ,
P ortant de cheure une peau heriſſee
D eſſus le flanc ruſtiquement trouſſee :
P rend le ballay , & tout à l'enuiron
V a nettoyant la meule & le gyron :
E t puis il met les mains à l'exercice ,
E t à chacune ordonne ſon office .
A uec la gauche il faiĉt tumber le grain
D eſſoubz la meule, & auec l'autre main
D onne le tour, d'un rond, qui point ne ceſſe .
L e blé moulu tumbe en farine eſpeſſe .
    A ucunefois d'un trauail ſucceſſeur
L a gauche tourne, & ſoulage ſa ſœur :
L uy meſme auſſi quelquefois ſe ſoulage ,
C hantant des uers, & chanſons de uillage .
A lors Catou il huche haultement .
P our tous ſeruans il auoit ſeulement
C eſte Çatou, qui à ſa laide mine
M ontroit aſſez qu'elle eſtoit Limouſine .
L es cheueux roux, & le teinĉt tout haſlé ,

La lippe

L a lippe enflee, & le fein aualé,
L e uentre gros, gembe groffe, & grands plantes,
E t aux talons toufiours mules & fentes.
    M arfault luy dit, qu'elle face du feu,
Q ue l'eau foit chaulde, & apres qu'il a ueu
S on blé moulu, il le prend, il e faffe :
L e fon demeure, & la farine paffe.
    P uis fur un aix l'agence tout foudain,
V erfe l'eau tiede, & en menant la main
T out au trauers, peftrit tout pefle mefle :
A uecques l'eau la farine fe mefle.
D es grains de fel il y refpand auffi :
L'œuure fe forme, & deuient efpoiffi.
A uec la paulme en rond il le façonne,
P reffe le moule, & fa marque luy donne,
L e porte au feu(Catou premierement
A uoit le lieu nettoyé proprement)
D'un teft uoulté il a faict fa fournaize.
E t ce pendant que la tuyle & la braize
F ont leur deuoir, Marfault ne chomme pas,
M ais fe pouruoit d'autres metz & repas,
P our ne trouuer, à la manger feulette,
F ade faueur au gouft de fa galette.
    D e chair de porc par le fel endurci
L es gros quartiers, & les iambons auffi
N'eftoient pas là penduz pour fon ufage,
M ais feulement le rond d'un uieux fourmage
P ar le milieu trauersé d'un genet,

E t tout au pres un uieux fagot d'aneth .
L uy donc aiant le foing de fa pafture ,
P our fon difner cherche autre nourriture .
     I oingnant la loge, ou Marfault habitoit ,
F ut un iardin, un iardin qui eftoit
D'un peu d'oziers clos deuant & derriere ,
E t de rofeaux à la canne legere :
P etit de lieu, mais d'herbes bien fourny .
C e iardin là n'eftoit pas dégarny
D e ce qui fert à un pauure mefnage :
S ouuent le riche y prenoit fon ufage .
Q uant au labeur, cela ne luy couftoit
Q ue l'entretien: ceft entretien c'eftoit ,
Q uand quelque fefte, ou faifon pluuieufe
A uoient rendu fa charrue ocieufe .
     M arfault fçauoit les plantes difpofer ,
M arfault fçauoit femer & arrofer .
L à fe trouuoit toute herbe de potage ,
L à f'efpandoit la bette au grand fueillage ,
E t la vinette efpeffement croiffant ,
A uec la maulue, & l'eaule uerdiffant .
L es chichefpois y prenoient nourriture ,
O ignons, pauotz d'endormante nature ,
L à f'eftendoit la friande laictue ,
E t là f'enfloit la coucourde uentrue .
     C ela n'eftoit de Marfault le manger .
(C ar qui eftoit plus que luy menager?)
S on reuenu au peuple eftoit utile ,

Il en

I l en portoit certains iours à la uille,
E t puis au soir retournoit à grand' ioye
L eger d'espaule, & chargé de monnoye.
B ien peu souuent de la chair achetoit,
L e rouge oignon son appetit domtoit,
E t le pourreau bien teillant: quelquefois
I l se paissoit de cresson allenois,
Q ui prend au nez, d'endiue, & de roquette
B onne aux uieillards . uoyla comment se traitte
L e bon Marsault, qui songeant à son cas
E n son iardin ua chercher son repas .

P remierement grattant un peu la terre,
Q uatre aulx espaiz de racine il deterre,
A rrache aussi des coriandres gresles,
E t du persil aux petites umbelles,
D e uerde rue il s'est aussi pouruen,
P uis tout ioyeux s'assied aupres du feu :
H uche Catou, demande le mortier,
P lume l'oignon, prend ce qui faict mestier,
I ette le reste, & puis en belle eau frotte
B ien nettement la terreuse echalotte,
E t tout cela uous iette dans le fond
D e son mortier, qui fut caué en rond .

D es grains de sel il y met d'auantage,
I l y adiouste encores du fourmage
D ur & salé, & puis ces herbes là
D ont i'ay parlé, iette sur tout cela :
E t puis dessoubz ses aynes herissees

D e la main gauche a ses robbes troussees,
D e l'autre main il ua pilant les aulx,
D ont la senteur offense les nazeaux :
L e suc de l'un auec l'autre s'assemble,
L e pilon tourne, & brize tout ensemble.
      L ors peu à peu cestuy perd sa ualeur,
E t cestuy-la : tous n'ont qu'une couleur,
Q ui pour le blanc, n'est du tout uerdissante,
N y pour le uerd, toute aussi blanchissante.
S ouuent Marsault, comme tout courroucé,
S oufle, renifle, & d'un nez retroussé
M audict ses aulx : souuent torche ses yeux
D u bout des doigts, souuent tout furieux
V a maugreant la uapeur innocente.
D es- ia sefaict la matiere plus lente
Q u'au parauant, le pilon qui tenoit
D ans le mortier, plus lentement tournoit.
      O r' il y mesle un peu d'olif, & ores
V n petit fil de uinaigre, & encores
R emesle tout, & puis une autre fois
L e mesle encor' : puis auecques deux doigts
F inablement le mortier enuironne,
E t en tourteau la matiere façonne.
      V oyla comment la saulse lon faisoit,
Q ui MORETVM en latin se disoit.
C a tou soigneuse auecques la main nette
E ncependant tire aussi sa galette.
A insi Marsault ne craignant plus la faim

P our ce iour-la, se depesche soudain,
P rend son chappeau, ses guestres, & se rue
A uec ses bœufz au faict de la charrue.

VOEVZ RVSTIQVES
du latin de Naugerius.

A CERES.

REGARDE ô Ceres la grande
   D anser la rustique bande
   D es laboureurs assemblez
   A la semence des bledz.
F ay que le grain ne pourrisse
   P ar la pluie, & ne perisse
   P ar l'hyuer trop auancé
   L e sillon ensemencé.
Q ue la malheureuse auéne
   N e foisonne sur la plaine,
   N y toute autre herbe qui nuit
   A u grain dont uient le bon fruict.
Q u'un fort uent meslé de gresle
   N e renuerse pesle mesle
   L e blé sur terre haulsé
   D e telle fureur blessé.
Q ue les oyseaux qui rauissent,
   D u froument ne se nourrissent,

B ij

N y ces monstres d'animaulx
Q ui font par tout tant de maulx.
M ais fay que le champ nous rende
A uec une usure grande
L es grains par nous enserrez
S oubs les sillons labourez.
A insi fera. qu'on espanche
V n plein pot de créme blanche,
E t du miel delicieux
C oulant auecques uin uieux.
Q ue l'hostie inuiolee
A uant que d'estre immolee,
P ar trois fois d'un heureux tour
C erne ces bledz à l'entour.
C'est assez. moissons parfaictes
A utres festes seront faictes,
E t seront tes cheueux saincts
D'espicz couronnez & ceinctz.

D'VN VANNEVR DE BLE,
aux vents.

A V O V S troppe legere,
Q ui d'æle passagere
P ar le monde uolez,
E t d'un sifflant murmure
L'ombrageuse uerdure
D oulcement esbranlez,

I'offre

I'offre ces uiolettes,
    Ces lis, & ces fleurettes,
    Et ces roses icy,
    Ces uermeillettes roses,
    Tout freschement écloses,
    Et ces œilletz aussi.
De uostre doulce halaine
    Euentez ceste plaine,
    Euentez ce seiour:
    Ce pendant que i'ahanne
    A mon blé, que ie uanne
    A la chaleur du iour.

A CERES, A BACCHVS,
& à Palés.

CERES d'espicz ie couronne,
    Ce pampre à Bacchus ie donne,
    Ie donne à Palés la grande
    Deux potz de laict pour offrande:
    Afin que Cerés la blonde
    Rende la plaine feconde,
    Bacchus à la uigne rie,
    Et Palés à la prairie.

SVR LE MESME SVBIECT.

DE fleurs, d'espics, de pampre ie couronne
    Palés, Cerés, Bacchus: à fin qu'icy

L e pré, le champ, & le terroy außy
E n fein, en grain, en uandange foisonne.
D e chault, de gresle, & de froid qui estonne
L'herbe, l'espic, le sep, n'ayons soucy :
A ux fleurs, aux grains, aux raysins adoulcy
S oit le printemps, soit l'esté, soit l'autonne .
L e bœuf, l'oyseau, la cheure ne deuore
L'herbe, le blé, ny le bourgeon encore .
F aucheurs, coupeurs, uandangeurs, louez donques
L e pré, le champ, le uignoble Angeuin :
G ranges, greniers, celiers on ne uid onques
S i pleins de fein, de froument, & de uin .

D'VN BERGER, A PAN.

R O B I N par bois & campaignes ,
P ar boccaiges & montaignes ,
S uiuant naguere un taureau
E garé de son troppeau ,
D'un roc eleué regarde ,
V oid une biche fuyarde ,
D'un dard la faict trebucher ,
T rouue en l'antre d'un rocher
L es petiz fanneaux, qu'il donne
A Iannette sa mignonne :
P uis fait à ses compaignons
V n banquet d'aulx & d'oignons ,
F aisant courrir par la trouppe

De

D e uin d'Aniou mainte couppe :
Q uant au reſte, ô Dieu cornu,
A u croc de ce pin cogneu
P our ton offrande i'apporte
L a peau de la biche morte.

D'VN CHASSEVR.

P A N, des foreſtz habitant l'épeſſeur,
P an, pié de bouc, Robinet ton chaſſeur
A ccoutumé iadis de faire teſte
A la fureur de mainte fiere beſte,
E t par lequel à ceſtuy pin ſacré
T u uois encor, s'ilz te uiennent à gré,
L es piedz des ours, & les hures fendues
Des uieux ſangliers, pour offrãde pẽdues.
O res uieillard, & d'age tout uoulté,
D e ce grãd cerf, que luy meſme à domté,
L e bois encor' il te ſacre & ordonne,
D igne preſent d'une uieille perſonne,
B ien que tel œuure ait iadis eu l'honneur
D 'eſtre auoué par le Thebain ueneur.
R eçoy le donq pour œuure de ieuneſſe,
E t ne le croy de moindre hardieſſe.

D'VN VIGNERON A BACCHVS.

C E S T E uigne tant utile,
V igne de rayſins fertile,

T ousiours couſtumiere d'eſtre
F idele aux uœuz de ſon maiſtre,
O res, qu'elle eſt bien fleurie,
T e la conſacre, & dedie
T henot uigneron d'icelle.
F ay donq, Bacchus, que par elle
N e ſoit trompé de l'aitente,
Q u'il a d'une telle plante:
E t que mon Aniou foiſonne
P artout en uigne auſſi bonne.

DE DEVX AMANS, A VENVS.

N O V S deux Amãs, qui d'un meſme courage
S ommes uniz en ce prochain uillage,
C haſte Cypris, uouons à ton autel
A uec le lis l'amaranthe immortel.
E t c'eſt à fin, que noſtre amour ſoit telle
Q ue l'amaranthe à la fleur immortelle:
S oit touſiours pure, & de telle blancheur,
Q ue ſont les lis en leur paſle freſcheur,
E t que noz cœurs meſme lien aſſemble,
C omme ces fleurs on uoid ioinctes enſemble.

D'VNE NYMPHE, A DIANE.

V N E vierge chaſſereſſe
  P leurant de laiſſer les bois,

Append

A ppend icy son carquois,
S es traictz, son arc, & sa lesse.
S a mere l'a condamnee
A rompre son chaste uœu,
L a liant d'un autre nœu
D essous les loix d'Hymenee.
M ais ô fille de Latonne,
Q u'encor' reclamer ie doy,
S i c'est en despit de moy,
Q ue tes forestz i'abandonne,
A utant qu'au bois fauorable
D iane tu m'as esté,
S ois à ma necessité
L ucine autant secourable.

EPITAPHE D'VN CHIEN.

C E bon Hurauld, qui souloit estre
L e mignon de Iacquet son maistre,
H urauld uenu du bas Poittou
S ur les doulces riues d'Aniou,
P our garder le troppeau champestre.
P endant que la bande compaigne
D es autres chiens, sur la campaigne
D ormant gisoit deça, dela,
F aisant le guet sur ce bord là,
O u Meine à Loyre s'accompaigne.
C e bon chien sur tous chiens fidele

D efendit de la dent cruelle
L es aignelets, mais ce pendant
I l mourut en les defendant,
D igne de louange immortelle .
S on maiſtre regrettant ſa perte,
L'a mis ſoubz ceſte motte uerte :
A uſſi auoit bien merité
V ne telle fidelité
D'eſtre ſi dignement couuerte .
L es pauures troppeaux le gemiſſent,
M ais les animaulx qui rauiſſent,
E t les larrons ſ'attendent bien
D'eſtre maiſtres de noſtre bien ,
E t de ſa mort ſe reſiouiſſent .

A VENVS.

A Y A N T apres long deſir
P ris de ma doulce ennemie
Q uelques arres du plaiſir,
Q ue ſa rigueur me denie,
I e t'offre ces beaux œillets ,
V enus, ie t'offre ces roſes,
D ont les boutons uermeillets
I mitent les leures cloſes ,
Q ue i'ay baisé par trois fois,
M archant tout beau deſſoubs l'ombre
D e ce buiſſon, que tu uois :

Et n'ay

E t n'ay fceu paffer ce nombre,
P ource que la mere eftoit
    A upres de là, ce me femble,
    L aquelle nous aguettoit :
    D e peur encores i'en tremble .
O r' ie te donne des fleurs :
    M ais fi tu fais ma rebelle
    A utant piteufe à mes pleurs,
    C omme à mes yeux elle eft belle,
V n Myrte ie dediray
    D effus les riues de Loyre,
    E t fur l'écorfe efcriray
    C es quatre uers à ta gloire :
T H E N O T S V R C E B O R D I C Y,
    A V E N V S S A C R E E T O R D O N N E
    C E M Y R T E, E T L V Y D O N N E A V S S I
    C E S T R O P P E A V X, E T S A P E R S O N N E.

E S T R E N E D'V N T A B L E A V.

C E tableau, que pour t'eftrener
I fabeau, ie te ueux donner,
A u uif rapporte mon uifage
A utant qu'on uid onques image .
Q u'ainfi foit, regarde Ifabeau,
C omme ie femble à mon tableau :
L a couleur du protraict eft blefme,
E t la mienne eft toufiours de mefme :

C ij

S ans cueur il eſt, ſans cueur ie ſuis,
I e n'ay point eu de cueur depuis,
Q u'amour l'oſtant de ma puiſſance,
L e meit ſoubs ton obeiſſance.
Il eſt muet, ſi ſuis-ie moy,
Q uand ie me trouue deuant toy.
B ref, qui nous uoid, uoir il luy ſemble
D eux Amans, ou tableaux enſemble.
N ous ſommes differents d'un poinct,
C'eſt qu'amour ne le bruſle point.
E t quand il ſentiroit la flamme,
(C omme tout par ton œil ſ'enflamme)
A inſi que de moy malheureux
S on mal ne ſera langoureux,
E t les flammes continuelles
A inſi n'ardront point ſes moëlles :
A u premier feu qu'il ſentira,
S oudain en cendres il ira.

VILLANELLE.

E N ce moys delicieux,
   Q u'amour toute choſe incite,
   V n chacun à qui mieulx mieulx
   L a doulceur du temps imite,
   M ais une rigueur deſpite
   M e faict pleurer mon malheur.

Belle

Belle *&* franche Marguerite,
P our uous i'ay ceſte douleur.
D edans uoſtre œil gracieux
T oute doulceur eſt eſcritte,
M ais la doulceur de uoz yeulx
E n amertume eſt confite.
S ouuent la couleuure habite
D eſſoubs une belle fleur.
B elle *&* franche Marguerite,
P our uous i'ay ceſte douleur.
O r puis que ie deuiens uieux,
E t que rien ne me profite,
D eſeſperé d'auoir mieulx,
I e m'en iray rendre hermite,
I e m'en iray rendre hermite,
P our mieulx pleurer mon malheur.
B elle *&* franche Marguerite,
P our uous i'ay ceſte douleur.
M ais ſi la faueur des Dieux
A u bois uous auoit conduitte,
O u, deſperé d'auoir mieulx,
I e m'en iray rendre hermite,
P eult eſtre que ma pourſuite
V ous feroit changer couleur.
B elle *&* franche Marguerite,
P our uous i'ay ceſte douleur.

LE COMBAT D'HERCVLE
& d'Acheloys, d'Ouide.

CE n'est icy, que ie chante
   L es Titanes oultrageux,
   N y ceulx que la Grece uante,
   N y le Troien courageux :
   I e ne redy l'entreprise
   D e Turne & du filz d'Anchise,
   E t si ne rechante pas
   T ydé, Capanee, Adraste,
   N y les deux fils d'Iocaste,
   N y les Thessales combats.
I cy ie tais la proësse
   D u double honneur de Clairmont,
   D ont la braue hardiesse
   D omta Mambrin, & Almont.
   I e laisse encore derriere
   E t l'une, & l'autre Guerriere :
   I e laisse le bon Roger,
   L e Sericain, le Tartare,
   E t la uaillance barbare
   D u superbe Roy d'Arger.
M ais bien ie chante d'Alcide
   L e labeur à ceste fois,
   Q ui domta la force humide
   D es trois formes d'Acheloys :
   D'Acheloys, ce braue fleuue,
   Q ui feit à son dam épreuue

D e ſa force,& de ſon cueur,
S oubs un corps non ueritable,
C ontre le bras indomtable
D e tant de monſtres uainqueur.
L a princeſſe Etolienne
A uoit domté ſoubs ſes yeux
L a grandeur Herculienne,
E t ce fleuue audacieux.
L ' alliance de la belle
M ille autres encor' appelle,
M ais tous cedent à ces deux.
A cheloys premier ſ'addreſſe
A u pere de la princeſſe
H ault aſſis au milieu d'eux :
R eçoy moy (dit il) pour gendre,
P rince Calidonien.
M ais plus toſt ueuille moy prendre
(D ict le grand Aonien)
T a fille aura pour beaupere
C eluy, qui le ciel tempere.
M ille monſtres ſurmontez
P our douaire ie luy donne,
P our ton ſeruice i'ordonne
C es bras non iamais domtez.
A cheloys dit au contraire,
I ' apporte ma deité,
P lus riche,& digne douaire
Q ue n'eſt pas l'humanité.

I e suis d'un grand fleuue prince,
I e trauerse ta prouince
E n mille tours fluctueux,
D u gras limon qui arriue
D essus ma fertile riue,
I e rends tes champs fructueux.
C ontre moy n'est irritee
L a grand'princesse des Dieux :
I e ne cognois Eurystee,
N y son courage odieux :
I e ne me suis feinct un pere
P ar le crime de ma mere,
N y tous ces monstres conquis.
R oy donques ne ueuille querre
V n gendre en estrange terre,
L 'ayant ches toy tout acquis.
L 'amy de Deïanire
A ces mots iniurieux
S oudain embraze son ire,
E t d'un regard furieux,
T oy (dit il) trop plus adextre
D u parler, que de la dextre,
B raue tant que tu uoudras,
T on brauer ne me fait honte,
P ourueu que ie te surmonte
P ar la force de mes bras .
D isant ces mots, il desserre
C es bras nerueux & charnus,

Gette

I ette sa masse par terre,
E t montre ses membres nuds :
A cheloys sa robbe uerte
D e iongs & roseaux couuerte
S 'arrache de sus le doz .
C hacun d'eulx baisse la teste,
E t à la luyte s'appreste
D e nerfz , de membres, & d'os .
L eurs paulmes ilz ensablonnent,
E t leurs doz contrecourbez
D es prises, qu'ilz s'entredonnent,
S ont tous meurtriz & plombez .
Q ui tient, qui lasche sa prise,
Q ui par force, ou par surprise
G aingne le dessoubs des bras,
Q ui ses gembes entrelasse,
Q ui sans bouger de sa place,
S e tient ferme sur son pas .
L ong temps Hercule s'efforce,
L ong temps contre ses efforts
A cheloys a moins de force,
Q ue de pesanteur de corps :
L 'un en uain trauaille & sue,
L 'autre tardif se remue
N on moins ferme qu'une tour,
O u qu'un rocher qui se fonde
I mmobile contre l'onde,
Q ui le bat tout à l'entour .

D

I cy quaſi hors d'haleine
    I lz prenent un peu le uent,
    E t puis retentent la peine,
    P lus ahurtez que deuant.
    D e piedz, de corps, bras, & teſte
    L'un contre l'autre ſ'arreſte,
    D eux taureaux de meſme cueur
    F iers au combat ſe hazardent.
    L es autres craintifz regardent
    N on aſſeurez du uainqueur.
T rois fois Hercule repouſſe
    L a poiǎrine d'Acheloys,
    L a roideur de ſa ſecouſſe
    F ut uaine iusq' à trois fois :
    A la quatrieme il ſ'élance,
    E t de ſa plus grand' uaillance
    M et ſon luyteur au deſſoubz,
    L'eſtreint, le hurte, le ſerre,
    E t luy fait mordre la terre,
    A ccablé ſoubs ces genouz.
L e Fleuue ſe ſentant moindre
    E t d'addreſſe & de pouuoir,
    A ſa force uoulut ioindre
    L e ſecours de ſon ſçauoir.
    D es mains d'Hercule il ſ'écoule,
    E t faiǎ ſerpent, qui ſe roule
    E n longs cercles ua gliſſant,
    S iſſle comme une ſagette,

Dardant

D ardant menu ſa languette
E n deux pointes finiſſant .
C' eſt de mon berceau l'ouurage ,
D it Hercule, & qui te fait
S i prodigue de courage
S oubs un ſerpent contrefait ?
·Q uand bien tu te pourrois dire
D e tous les ſerpens le pire ,
P ourtant ceſt Hydre n'es-tu ,
C eſt Hydre , qui tant fertile
G aingnoit d'un dommage utile
D eux cheſz pour un abbatu .
T oy donc ſoubs forme empruntee
P enſe-tu bien ſurmonter
C eſte puiſſance indomtee ,
Q ui ſceut tel monſtre domter ?
A inſi ſe rioit Alcide
I a tenant ce Dieu liquide ,
Q ui en uain ſe heriſſant ,
S e demeine, & ſe trauaille ,
P our ſortir de la tenaille ,
Q ui ua ſa gorge preſſant .
V oicy la derniere épreuue .
I a d'un miracle nouueau
S' eſtoit deguizé le Fleuue
S oubs la forme d'un taureau ,
Q ui roüant ſon œil terrible
D' un long muglement horrible

R emasche un peu sa fureur,
P uis d'une course elancee
S 'en uient la teste baissee,
P ortant la fouldre, & l'horreur.
M ais celuy, dont le courage
N e sentit onques la peur,
A ttent brauement l'orage
D e ce troisieme labeur,
L a gembe droitte il auance,
E t d'une egale ballance
R oidissant les bras ouuers,
D es deux cornes se fait maistre,
E t d'une secousse addextre
V ous met le fleuue à l'enuers.
M ais l'ire, & la force à l'heure
H ercule tant anima,
Q ue de la corne meilleure
L e front il luy desarma.
D u pié luy donne en la panse
E t la corne arriere lance,
Q ue les Naiades alors
O nt cherement recuillie,
E t l'ont richement remplie
D e leurs plus riches tresors.
L 'un pour le pris de sa peine
D e son peuplier couronné
S a doulce guerriere emmeine,
L 'autre demeure ecorné :

Et se

E t se couronnant de saule,
I usqu'au dessus de l'espaule
S e tappit dedans ses eaux,
O u uergongneux il essaye
C acher sa nouuelle playe
D e ses cannes, & roseaux.

CHANT DE L'AMOVR,
& du Primtemps.

I C Y ie ne chante pas
    D e Mars la guerriere troppe,
    N y les horribles combats
    D es deux Seigneurs de l'Europe.
Q uelque plus heureux sonneur
    S onne l'immortelle gloire,
    Q ui doit consacrer l'honneur
    D e la Françoise uictoire :
C hante l'aigle abandonné
    D e son Espaigne fuytiue,
    E t le Croissant couronné
    M enant la guerre captiue.
C e pendant la saincte erreur
    D'une deité plus forte
    D ira la doulce fureur,
    Q ui hors de moy me transporte.
A mour le premier des Dieux

F ormant ceſte maſſe ronde,
D'un diſcord melodieux
L ia les membres du monde.
L e ciel courbe il eſtendit
D eſſus la terre abaiſſee,
E t la terre en l'air pendit
D'une rondeur balencee.
D'un ordre perpetuel
I l entretient & diſpoſe
P ar un deſir mutuel
L'eſpece de toute choſe.
D'Amour ſoyez donq' mes chants,
A fin que deſſus uoz æles
I e raze la fleur des champs
D es neuf filles immorteles.
A utant que me ſemble doulx
L e traict de ma flamme uiue,
A utant mes uers ſoyez-uous
R empliz de doulceur näiue.
L e blanc taureau rauiſſeur
D ore la ſaiſon nouuelle,
E t en nouuelle doulceur
M on amour ſe renouuelle.
S i les ioyeux oyſelets
D eſſus les uerdes fleurettes,
E t par les bois nouuelets
D égoyſent leurs amourettes,
P ourquoy ne diray-ie auſſi

L e seul plaisir de ma uie,
P uis qu'amour le ueult ainsi,
E t que le ciel m'y conuie?
L e flambeau, dont les chaleurs
A rdent l'antique froidure,
D e mille sortes de fleurs
R epeingt la ieune uerdure :
E t le Dieu, qui mes desirs
B rusle d'une saincte flamme,
M ille sortes de plaisirs
R eplante dedans mon ame.
T out ce, qui l'hyuer s'est ueu
M orne, transi, froid, & blesme,
S ent maintenant ce doulx feu,
E t moy ie suis le feu mesme.
D es fleuues les piedz glissans
Frappent leurs plus haultes riues,
E t les sommetz uerdissans
R ehaulsent leurs testes uiues :
D es-ia les sepz tournoyans
A utour des branches uerdoient,
I a les uerdz sillons ploians
P ar les campaignes ondoient.
B acchus, Priape, & Cerés,
P alés, Vertumne, & Pomonne,
E t chaque Dieu des forests
S e prepare une couronne.
T el fut le siecle doré,

T el sera le nostre encore
D essoubz le sceptre honoré
D e Henry, qui le redore .
D espouillant de ses butins
L a monstrueuse ignorance ,
P our accabler les mutins
D essoubz les bras de la France .
O de quel bien redoublé
L'Europe sera saisie ,
S i son repoz n'est troublé
P ar le tyran de l'Asie !
L ors ie seray le tesmoing
D' une uictoire si belle ,
C e pendant un autre soing
P lus doulcement me r'appelle .
A mour, si ta deité ,
D es deitez la plus saincte ,
F ut des ma natiuité
E n moy diuinement peincte :
S i tu es tout bon, & beau ,
E t si tu m'as faict notoire ,
Q ue ton celeste flambleau
N e iette point flamme noire :
D e quelle riche couleur
P eindray-ie ma poësie
P our descrire la ualeur
Q ue i'ay sur toutes choisie ?
T ous les uerds tresors des cieux ,

Riche

R iche ornement de la plaine
R eprefentent à mes yeux
L'obiect de ma doulce peine.
I e uoy dedans ces œillets
R ougir les deux leures clofes
D ont les boutons uermeillets
B lefmiffent le teinct des rofes.
I e uoy pallir dans ces liz,
Q ui en longueur fe blanchiffent,
L a nege des doigts polis,
Q ui en dix perles finiffent.
V oyant fur noftre feiour
L a belle aulbe retournee,
P our ferener d'un beau iour
L a lumiere nouueau-nee,
I e uoy le blanc, & uermeil
D e celle face tant claire,
D ont l'un, & l'autre foleil,
A mes tenebres efclaire.
V oyant ces rayons ardents
D effus le cryftal de l'onde,
Q ui frizent par le dedans
L e fond de l'arene blonde,
I e uoy les ondes encor'
D e ces treffes blondelettes,
Q ui fe crefpent deffous l'or
D es argentines perlettes.
L e fep, qui eftreint fi fort

D e l'orme la branche neuue,
A rmant l'un & l'autre bord
D u long rampart de mon fleuue,
R essemble ces nœudz espars,
  Q ui sur le front de madame
  E nlacent de toutes parts
  M on cueur, mon corps, & mon ame.
C e uent, qui raze les flancz
  D e la plaine coloree,
  A longs souspirs doulx souflans,
  Q ui rident l'onde azuree.
M'inspire un doulx souuenir
  D e ceste haleine tant doulce,
  Q ui fait doulcement uenir,
  E t plus doulcement repoulse
L es deux sommetz endurciz
  D e ces blancz coutaux d'iuoyre,
  C omme les flots adoulciz,
  Q ui baisent les bords de Loyre.
L'argentin de ces ruisseaux,
  Q ui paisiblement murmurent,
  S oubz le fraiz des arbrisseaux,
  Q ui les riuages emmurent,
R esent celle doulce uoix,
  V oix celeste, & nompareille,
  Q ui m'a plus de mille fois
  S uccé l'ame par l'oreille.
V ous donq' amoureux oyseaux

Soit

S oit aux bois, ſoit aux campaignes,
A ccordez au bruit des eaux,
Q ui tumbent de ces montaignes.
D ont l'immortelle uerdeur
D e mille fleurs diapree
E mbaſme de ſon odeur
L e uerd honneur de la pree.
I cy dedier ie ueulx
V n autel à ma Deeſſe,
P our y conſacrer les uœus
Q ue ma Muſe luy addreſſe.
D e fleurs & de rameaux uerds
S era la riche peinture,
E t la rondeur de mes uers
Y ſeruira de ceinture.
Q u'il n'y ait en ce beau clos
B ranche, qui ne reuerdiſſe,
B outon, qui ne ſoit déclos,
N y herbe, qui ne floriſſe.
I amais n'y faille le thyn,
L 'œillet, le lis, ny la roſe,
N y la fleur, qui au matin
E ſt ouuerte, & au ſoir cloſe.
I amais n'y faille le miel,
N y le laict, ny la roſee,
E t de la manne du ciel
T ouſiours ſoit l'herbe arroſee.
T ouſiours y facent leur tour

E ij

L es carrieres ondoyantes ,
T ousiours les bois à l'entour
C ourbent leurs cymes ployantes .
D e nuict, sur l'humide front
    D es fleurs de uermeil escrittes ,
    Y uiennent danser en rond
    L es Nymphes, & les Charites .
D e iour, lors que le Soleil
    D arde sa flamme plus grande ,
    Y uiennent prendre sommeil
    D iane, & sa chasse bande .
D essus les sieges heronz
    P allisse la uerde OLIVE ,
    E t le uerd tronc de Phœbus
    Y ait sa perruque uiue .
P asteurs, que de ces chappeaux
    C hacun ait sa teste ceincte ,
    M ais n'y menez uoz troppeaux ,
    C ar toute l'herbe en est saincte .

CHANT DE L'AMOVR
& de l'hyuer .

O R E S , que mon Roy s'efforce
    M algré l'hyuer, & la force
    D' Orion le pluuieux ,
    D e suiure l'heur de sa gloire ,

Et l'hon-

E t l'honneur de la uictoire
  Q ue luy promettent les Dieux,
A mour fuiuant l'entreprife
  D e fa defpouille conquife
  M'a guidé iufques icy :
  O u fa deité compaigne
  S uit par la veuïe campaigne,
  E t mes pas, & mon foucy,
L es longs fouftirs de ma plaincte,
  D effus la plaine depeincte
  S'en uolent de toutes parts,
  E t des uents l'haleine forte
  E uanuois les emporte
  P army ce grand uague effars.
P onthus, que l'amour affole
  D'une erreur fainctement fole,
  P onthus, l'honneur Mafconnoys,
  E t toy, le plus grand qu'on uoye,
  D ont le fainct Myrte uerdoye
  D effus le bord V andomoys.
S i encores uous allume
  L a fureur, qui uoftre plume
  B allança d'un uol fi hault,
  E mpennez les flancz de celle,
  Q ui tire une plus baffe æle,
  D e peur de prendre le fault.
S i autrefois i'ay faict dire
  A u gay fredon de ma lyre

L e primtemps d'une beauté,
I l fault, il fault à ceste heure
Q u'eternellement ie pleure
L 'hyuer d'une cruauté.
P uis qu'esloingnant la lumiere
D e la beauté coustumiere
D 'estre un soleil à mes yeux,
I e sens ma triste pensee
A rdentement englacee
D 'un Aquilon furieux.
L 'Astre, dont la saincte flamme
A u plus ioyeux de mon ame
P luuoit un primtemps de fleurs,
P lus ne gresle en mon courage
Q u'un perpetuel orage
E t de souspirs & de pleurs.
L es pleurs & souspirs ensemble
Q ue sur la plaine i'assemble,
C roissent la pluie & les uents:
E t les pensers qui me gelent,
E n mon estomac ne celent
Q ue sanglots s'entresuiuans
P lus dru que ne chet la gresle,
Q ui en petillant se mesle
A ux ondoyans tourbillons,
Q uand la fureur de la bize
C asse, arrache, froisse, brise
L 'honneur des iaunes sillons.

Plus

P lus furieuſe ne uante
   L'impitoyable tormente,
   Q ue deux uents contraires font,
   Q ue diuerſement m'agitent
   M ille ſouciz qui habitent
   D e mon cueur au plus profond.
M ais quelque ſoing aduerſaire
   Q ui s'oppoſe à ſon contraire,
   A mour eſt touſiours uainqueur:
   T ouſiours celle, qui me lyme,
   T ient de mes penſers la cyme,
   C omme royne de mon cueur.
A inſi les eaux des montaignes,
   S oudaine horreur des campaignes,
   V ont un grand fleuue animer,
   L uy, qui d'une uiue ſource
   P ique une plus braue courſe,
   L es emporte dans la mer.
B ien que l'œil, qui tout regarde,
   O eil, de qui la lampe darde
   L es rayons de noſtre iour,
   N'ait rien ueu encor' au monde,
   Q ui perdurable ſe fonde
   D'un immuable ſeiour:
S i uoid il touſiours ma peine
   O piniaſtre & certaine,
   S oit que du blanc rauiſſeur
   I l dore la riche corne,

S oit qu'il entre au Capricorne
P ar le cercle trauerseur .
D edaignant la face veue
D e la terre autrefois neue ,
L e chef vieillart des forests ,
D es prez la toison mouillee ,
E t la plaine despouillee
D u blond honneur de Cerés .
C omme autrefois la nature
A u plus gay de sa peinture
M e figuroit les beautez ,
D ont le primtemps de madame
F aisoit esclore en mon ame
M ille belles nouueautez .
A insi le ciel me r'apporte
A uecques la saison morte
V ne mortelle froideur ,
P our estre eslongné de celle ,
D ont la diuine estincelle
T ient ma uie en sa uerdeur .
I e ne uoy roc, ny montaigne ,
P ré, riuiere, ny campaigne ,
B ois, ny solitaires lieux ,
A ntre, ruisseau, ny fonteine ,
Q ui la face de ma peine
N e represente à mes yeux .
I e me plaings de ta nature
A mour, ueu que ta poincture

N'epoin-

N'epoinçonne les oyseaux
F ors en la saison nouuelle,
L ors que ta flesche cruelle
S onde le plus creux des eaux.
M ais ta cruauté felonne
T ousiours tousiours m'aiguillonne
D'un perpetuel retour,
S oit au temps de la froidure,
S oit que la ieune uerdure
D éride le front du iour.
H eureux trois fois, uoire quatre,
L e soldat, qui ua rabattre
D'Espagne le braue effort,
E t qui loing de sa prouince
D euant les yeux de son prince
S'acquiert une belle mort.
H eureuse, ô heureuse encore
L a uiue mort, qui decore
L es indomtez Cheualiers,
Q ui sur un mont de gendarmes
T umbent soubs le faix des armes
A u plus espais des milliers.
V oz mors tousiours honnorees
S eront des uostres pleurees,
M on Roy uous regrettera :
D es-ia la France en souspire,
E t la Vandomoise lyre
V ostre uertu chantera.

F

M *ais moy chetif, qui demeure,*
   H *elas il fault que ie meure*
   N *on deuant les yeux des Roys,*
   S *ur la guerriere campagne*
   R *ouge du sang de l'Espagne,*
   M *ais soubs l'horreur de ces bois.*
B *ois tristes, & solitaires,*
   D *e ma peine secretaires,*
   O *u l'Amour, qui me conduit,*
   A *u plus chauld de ses allarmes*
   B *aigne souuent de mes larmes*
   L *'humide sein de la nuict.*
L *à ie resonge sans cesse*
   L *'heureux soir, que ma Deesse*
   L *isoit la carte des cieux,*
   A *u doigt me montrant la face*
   D *e mille flambeaux, qu'efface*
   L *e double feu de ses yeux.*
L *à le tyran de ma uie*
   S *ur ma liberté rauie*
   E *xerce cent mille tors,*
   L *à là ma doulce guerriere*
   S *ourde à ma uaine priere*
   M *e liure cent mille morts.*
I *e uoy la fuyante suyte*
   D *'une eau sillonnant sa fuyte*
   A *u pié d'un rocher moussu,*
   F *endant le doz d'une pree*

Estroit-

E ſtroittement emmuree
  D'un double tertre boſſu .
S ur l'un quelquefois ondoient
  M ille ſillons, qui blondoient,
  S ur l'autre ſont les murs uieux
  H ideux de ronces, & d'hierre,
  S eiour, qui le tige enſerre
  D e mes maternelz ayeux .
L à mes cendres ie dedie,
  M ais à ces fleurs ie ſupplie,
  E t à ces herbes auſsi,
  A u myrte, au laurier encore,
  E t à l'arbre, qui m'honore,
  N e croiſtre iamais icy .
I amais n'y croiſſent les roſes,
  N y les fleurettes deſcloſes,
  I amais le rouſoiant miel
  N 'y coule deſſus ma tumbe,
  O u ſi quelque choſe y tumbe,
  Q ue ce ſoit l'ire du ciel .
Q ue les oiſeletz ſ'y taiſent,
  Q ue les ruiſſeaux ſ'y appaiſent,
  Q ue l'an ueuf de fleurs & fruicts
  A utre ſaiſon n'y r'ameine,
  S inon l'horreur de ma peine,
  E t l'hyuer de mes ennuis .
A u croc d'une uieille ſouche,
  Q ui d'un doz courbé ſe couche

D essus le front de ces eaux,
S oit ceste harpe attachee,
I ndigne d'estre accrochee
A ces ieunes arbrisseaux .
V ous donq' troppe Delienne,
E t uous l'Acidalienne,
C herchez ailleurs uoz esbas .
F aunes, Satyres, Dryades,
P our trepigner uoz aubades
N'apportez icy uoz pas .
M ais si quelqu'un d'aduenture
S ur la triste sepulture
D'un pas errant est guidé,
C es uers il y puisse lire
E ngrauez soubs une lyre,
S ur l'escorse au front ridé :
C'ESTOIT LA LYRE ANGEVINE
D'VN QVE SA TOVTE-DIVINE
A CONDVIT AV DERNIER POINCT,
PAR VNE ENNVIEVSE ABSENCE,
POVRCE QV'IL N'EVT LA PVISSANCE
DE VIVRE, ET NE LA VOIR POINT.

DE SA PEINE, ET DES
beautez de sa Dame .

I L me plaist icy de peindre
M ieulx que ne la sçauroit feindre

V n Apelle

V n Apelle ingenieux,
M a peine contr'imitee
S ur la belle Pasithee,
S eule idole de mes yeux.
C' est mon feu, c'est ma cordelle,
M on froid, ma flesche mortelle,
C' est mon aigle deuorant,
Q ui m'ard, lie, englace, & blesse,
E t qui deuore sans cesse
M on cueur sans cesse mourant.
D e l'œil sort ma flamme uiue,
L' or des cheueux me captiue,
P ar la rigueur suis gelé,
L a main en cinq traicts s'allonge,
E t le cruel qui me ronge,
C' est ce petit Dieu ælé.
V enus feit l'œil, que i'adore,
S on chef fut pris de l'Aurore,
D iane son cueur donna,
P allas sa main tant prisee,
E t sur une ongle aguisee
M on torment se façonna.
S on œil les astres surmonte,
A l'or ses tresses font honte,
L e fer cede à sa rigueur,
S a main l'alebastre passe,
E t sur le beau de sa face
S e niche l'oiseau uaincueur.

Q ui la feule mort doit craindre,
  O nde pour ma flamme efteindre,
  M ain pour mes nœuds délacer,
  S oleil pour ma glace fondre,
  P auois pour aux coups refpondre
  E t uoix pour l'oifeau chaffer.
P our me uanger ie fouhette,
  L'un fe changer en planette,
  L'autre au metal qui mieux luit,
  L e tiers au cueur d'un uieil arbre,
  L e quart en iuoyre, ou marbre,
  E t l'autre en oifeau de nuict.
O u que mes nerfz, & mes ueines
  S e transforment en fonteines,
  M on col en fer pour trencher,
  E n feu le froid, qui m'englace,
  M on eftomac en cuiraffe,
  E t mon cueur en un rocher.

A OLIVIER DE MAGNI
*fur les perfections de
fa dame.*

QVAND *ie contemple les beautez*
  D e tant de rares nouueautez,
  Q ui en ta Nymphe nompareille
  D es cieux annoncent la merueille,
I l me femble uoir les couleurs

De

D e tant & tant de belles fleurs,
Q ue la ieune saison desserre
D u sein amoureux de la terre.
I cy le lisest blanchissant,
L à est la rose rougissant,
E t là est la plaine paree
D e mainte autre fleur bigaree.
E t comme on uoid la teste bas
L a uierge marchant pas à pas
D espouiller la riue fleurie
D u uerd email de la prairie,
D ont ayant son giron remply,
E lle d'un tortueux reply
F açonne une belle couronne,
D ont son beau chef elle enuironne :
A insi ta Muse ça & là,
S oingneuse cuillant tout cela,
Q ui fleurit en l'esprit de celle
D ont tu sens la uiue estincelle,
A yant choisi tout le plus beau,
F açonne le tour d'un chappeau,
D ont une couronne elle appreste
E ternel honneur de ta teste.
L à donques, Magni, ce pendant
Q ue l'Amour ua tes yeux bendant
C hante d'Amour, & de la dame,
Q ui est maistresse de ton ame.
E n uain tu tenteras les sons

D e ces amoureuſes chanſons,
N ' eſtant plus ta lyre allumee
D e ſon ardeur accouſtumee .
A inſi quand la prophete horreur
E poinçonne de ſa fureur
L e cueur deſpit de la preſtreſſe
G rondant ſous le Dieu qui la preſſe ,
E lle contrainĉte de chanter ,
N e ceſſe de ſe tormenter ,
E t d'un mugler eſpouantable
M eſle l'obſcur au ueritable .
M ais quand le Dieu ſ'en eſt allé ,
S oudain ſon courage affolé
D euient raſsis, & la prophete
C loſt ſoudain la bouche muette .
C roy moy Magny, & ie le ſçay
P ource que i'en ay faiĉt l'eſſay ,
M al uoluntiers chante la bouche
D e l'Amour qui au cueur ne touche .
D u temps que i'eſtois amoureux ,
R ien que les ſouſpirs langoureux
N e me plaiſoit, & rien ma lyre
R ien que l'Amour ne ſçauoit dire .
P ar tout ie trouuois argument
D e me feindre un nouueau torment ,
E t ne trouuois roc ny fonteine ,
Q ui ne repreſentaſt ma peine .
I l me ſembloit qu'antres & bois

Piteux

Piteux respondoient à ma uoix,
   Et me sembloit que mes prieres
   Arrestoient le cours des riuieres.
Il me sembloit que tout l'honneur,
   Le beau, la grace, & le bon heur,
   Fust coulé du ciel en la belle
   Qui m'estoit doucement rebelle.
Toutes les roses & les lis,
   Les œillets freschement cueillis,
   Toutes les perles, & encore
   Tout ce qui luit dessous l'aurore :
Tout l'iuoyre, tout le crystal,
   Et tout le plus riche metal,
   Tout le marbre tout le porphyre,
   Et si rien plus beau se peult dire :
Tout le ciel n'eust assez esté
   Pour bien descrire sa beauté,
   Et n'estoit à ma peine egale
   Celle d'un Sisyphe ou Tantale.
Bref fust de nuict ou fust de iour,
   Ie ne songeois rien que l'Amour,
   Et n'auois graué dedans l'ame
   Autre protraict que de ma Dame.
Ainsi le malade alteré,
   Qui d'un desir demesuré
   Demande l'eau, quand plus la fieure
   Apeingt la soif dessus sa leure :
Il ne se peingt dans le cerueau

A *utre figure que de l'eau,*
E *t le feu qui bruſle ſes ueines,*
N *e le faict ſonger qu'en fonteines.*
E *t rien ie ne ſongeois auſſi*
  Q *ue l'obiect de mon doulx ſoucy,*
  L *ors que mon ame langoureuſe*
  B *ruſloit en ſa fieure amoureuſe.*
M *ais depuis que l'age, & le ſoing,*
  M *e faiſant regarder plus loing,*
  M *'oſta ce uoyle, & que les choſes*
  V *eritables ſe ſont décloſes,*
I *'ay rougy de me uoir deceu,*
  E *t depuis ma lyre n'a ſceu*
  C *hanter l'Amour, & rien ma Muſe*
  R *ien tant que l'Amour ne refuſe.*
S *i eſt-ce pourtant que ie puis*
  M *e uanter qu'en France ie ſuis*
  D *es premiers qui ont ozé dire*
  L *eurs amours ſur la Thuſque lyre.*
E *t mon Oliue(ſoit ce nom*
  D *'Oliue ueritable, ou non)*
  S *e peult uanter d'auoir premiere*
  S *alué la doulce lumiere.*
D *epuis, d'autres meilleurs eſprits*
  Q *uittant plus hault œuure entrepris,*
  O *nt (mais auecques plus de grace)*
  C *ouru par ceſte meſme trace.*
E *ntre les quelz tes uers n'ont pas*

Des

D es derniers aduancé leurs pas,
V ers bien dignes que lon leur donne
V n iour la plus belle couronne :
P our auoir le premier de tous
　C hanté l'Amour d'un style doulx,
　L e traittant non en rude maistre,
　M ais ainsi qu'un enfant doit estre.
N on comme ceulx, dont la grandeur
　E prise de plus haulte ardeur,
　N e peult trouuer sinon à peine
　L es accords d'une doulce ueine.
A ussi chacun n'a pas les doigts,
　L' archet, la lyre, ny la uoix
　P our chanter l'Amour, & l'audace
　N e conuient à la chose basse.
Q uand Hercule amoureux filoit,
　E nfilant souuent il souloit
　R ompre les fuseaux, & sa dextre
　A la masse estoit plus addextre.
E t cestuy-la, dont la fureur
　N'est que pour la fouldre & l'horreur,
　S'il fault que l'Amour il accorde
　B ien souuent rompt plus d'une chorde.
I l est malaisé de changer
　S on naïf en un estranger,
　E t Achille entre les pucelles
　C onuenoit mal auecques elles.
O r donc Magny, puis que le ciel

A confict d'un Attique miel
T es uers sucrez, laisse les armes,
E t chante l'amour & tes larmes :
E stant certain, quoy que tu sois,
Q u'entre les poëtes François
T u tiendras le lieu d'un Catulle,
D'un second Properce, ou Tibulle.
M ais moy que ueulx-ie plus chanter
P our nostre France contenter,
S i de tant d'amour qu'on souspire
L a France ne faict plus que rire ?
E t à bon droit, puis qu'en auant
A utant l'indocte que sçauant
M et son ouurage, & que la France
F auorise encor' l'ignorance.
N ostre François qui bassement
S e traynoit au commencement,
S oubs Henry, d'une audace honneste,
O za premier leuer la teste.
M ais depuis les premiers Auteurs
V n tas de sots imitateurs,
E nflans leurs uaines poësies
D e monstrueuses fantasies,
O nt tout gasté : & ceulx qui ont
L e mieulx escrit, pource qu'ilz sont
P ressez de la tourbe ignorante,
L eur gloire n'est point apparente.
D onques Magny, te tairas tu ?

Non,

N on, tu chanteras la uertu
D e ton grand Auanſon, qui uſe
D e plus grand' doulceur à ta Muſe,
M ariant au graue ſoucy
L a Muſe & la Muſique auſſi,
C omme un Mecene dont la gloire
D oit à Virgile ſa memoire.
L e ciel, ains que tu fuſſes né
T'auoit poëte deſtiné,
E t t'auoit deſtiné pour plaire
A u ſçauant & au populaire,
R are preſent, & qu'icy bas
L e ciel à tous ne donne pas:
B ien heureux celuy qui aſſemble
L'utile & le doulx tout enſemble.
L à donc, & d'un plus heureux ſon
C hante l'heur de ton Auanſon
Q ui d'une trompeuſe aſſeurance
N'abuſera ton eſperance,
D efraudant ta ſimplicité
D u loyer qu'elle a merité,
E t ſe fraudant de la louange
Q ue tu luy dois en contrechange.
E t que peult un homme de nom
M ieulx acheter qu'un beau renom:
L'honneur eſt le preſent plus rare,
E t tu n'es de grands biens auare.
M ais pourquoy fais-ie un ſi long tour

N e uoulant parler que d'Amour?
T ay donc ma lyre ou accorde
T on premier chant deſſus ta chorde .
E t toy Magny, puis que ton cueur
  S ent encor' l'Archerot uainqueur
  C hante d'Amour, & de la belle
  P endant que tu la trouues telle .
T out ce que nous cachent les cieulx,
  T out ce que nous celent les Dieux ,
  E t tous les ſecrets que la terre
  D edans ſes abyſmes enſerre ,
T out cela que l'œil apperçoit ,
  T out cela que l'eſprit conçoit ,
  E ſt du poëte, & l'eſcritture
  N'eſt qu'une parlante peinture .
O r ſi l'Amour premierement
  C ourba ſur nous le firmament ,
  B allançant & la terre & l'onde
  D'une forme egalement ronde :
S'il eſt, comme chantent noz uers ,
  L'eſprit moteur de l'Vniuers ,
  E t ſi les ſemences des choſes
  S ont en luy diuinement cloſes :
A mour auquel tout eſt ſuiect ,
  D u poëte eſt le ſeul obiect ,
  E t à bon droit celuy ſe uante
  D e tout chanter, qui l'Amour chante .
D onques Magny, pour te uanter

Que

Q ue tes uers sçauent tout chanter,
C hante l'Amour, & autre chose
P our argument ne te propose.
C ouronne tes affections
D e la fleur des perfections,
D ont le ciel ta maistresse honnore
C omme une seconde Pandore.
M ais las, mon Magny, garde toy
S i en quelque legere foy
T u as ton amour arrestee,
D'estre un second Epimethee.

CONTRE LES PETRARQVISTES.

I'AY oublié l'art de Petrarquizer,
I e ueulx d'Amour franchement deuiser,
S ans uous flatter, & sans me deguizer :
     C eulx qui font tant de plaintes,
N'ont pas le quart d'une uraye amitié,
E t n'ont pas tant de peine la moitié,
C omme leurs yeux, pour uous faire pitié,
     I ettent de larmes feintes.
C e n'est que feu de leurs froides chaleurs,
C e n'est qu'horreur de leurs feintes douleurs,
C e n'est encor' de leurs souspirs & pleurs,
     Q ue uents, pluye, & orages :
E t bref, ce n'est à ouir leurs chansons,

D e leurs amours, que flammes & glaçons,
F lesches, liens, & mille autres façons
D e semblables oultrages .
D e uoz beautez, ce n'est que tout fin or,
P erles, cryftal, marbre, & iuoyre encor,
E t tout l'honneur de l'Indique threfor,
F leurs, lis, œillets, & rofes :
D e uoz doulceurs ce n'est que fucre & miel,
D e uoz rigueurs n'eſt qu'aloës, & fiel,
D e uoz efprits, c'eſt tout ce que le ciel
T ient de graces enclofes .
P uis tout foudain ilz uous font mille tors,
D ifant, que uoir uoz blonds cheueux retors,
V oz yeux archers, autheurs de mille mors,
E t la forme excellente
D e ce que peult l'accouftrement couuer,
D iane en l'onde il uaudroit mieux trouuer,
O u uoir Meduze, ou au cours fefprouuer
A uecques Atalante .
S'il fault parler de uoftre iour natal,
V oſtre afcendant heureufement fatal
D e uoftre chef écarta tout le mal,
Q ui aux humains peult nuire .
Q uant au trefpas, fça'uous quand ce fera
Q ue uoftre efprit le monde laiffera ?
C e fera lors, que la hault on uoyra
V n nouuel Aftre luire .
S i pour fembler autre que ie ne fuis ,

Ie me

I e me plaisois à masquer mes ennuis,
I'irois au fond des eternelles nuictz
   P lein d'horreur inhumaine :
L à d'un Sisyphe, & là d'un Ixion
I'esprouuerois toute l'affliction,
E t l'estomac, qui pour punition,
   V it, & meurt à sa peine.
D e uoz beautez, sça'uous que i'en dirois ?
   D e uoz deux yeux deux astres ie ferois,
   V oz blonds cheueux en or ie changerois,
     E t uoz mains en iuoyre :
   Q uant est du teinct, ie le peindrois trop mieux
   Q ue le matin ne colore les cieux :
   B ref, uous seriez belles comme les Dieux,
     S i uous me uouliez croire.
M ais cest Enfer de uaines passions,
   C e Paradis de belles fictions,
   D eguizemens de noz affections,
     C e sont peinctures uaines :
   Q ui donnent plus de plaisir aux lisans,
   Q ue uoz beautez à tous uoz courtisans,
   E t qu'au plus fol de tous ces bien-disans
     V ous ne donnez de peines.
V oz beautez donq' leur seruent d'argumens,
   E t ne leur fault de meilleurs instrumens,
   P our les tirer tous uifz des monumens :
     A ussi, comme ie pense,
   S ans qu'autrement uous les recompensez

D e tant d'ennuis mieux escrits que pensez,
A mour les a de peine dispensez,
   E t uous de recompense .
S i ie n'ay peingt les miens dessus le front,
E t les assaults que uoz beautez me font,
S i sont-ilz bien grauez au plus profond
   D e ma uolunté franche :
N on comme un tas de uains admirateurs,
Q ui font ainsi par leurs souspirs menteurs,
E t par leurs uers honteusement flateurs
   R ougir la carte blanche .
I l n'y a roc, qui n'entende leur uoix ,
L eurs piteux cris ont faict cent mille fois
P leurer les monts, les plaines, & les bois ,
   L es antres, & fonteines :
B ref, il n'y a ny solitaires lieux ,
N y lieux hantez, uoyre mesmes les cieux ,
Q ui çà & là ne montrent à leurs yeux
   L'image de leurs peines .
C estuy-la porte en son cueur fluctueux
D e l'Océan les flots tumultueux ,
C estuy l'horreur des uents impetueux
   S ortans de leur cauerne :
L'un d'un Caucase, & Montgibel se plaingt ,
L'autre en ueillant plus de songes se peingt ,
Q u'il n'en fut onq' en cest orme, qu'on feinct
   E n la fosse d'Auerne .
Q ui contrefaict ce Tantale mourant

Bruslé

B ruflé de foif au milieu d'un torrent,
Q ui repaiffant un aigle deuorant,
    S'accouftre en Promethee :
E t qui encor' par un plus chafte uœu,
E n fe bruflant, ueult Hercule eftre ueu,
M ais qui fe mue en eau, air, terre, & feu,
    C omme un fecond Protee.
L'un meurt de froid, & l'autre meurt de chault,
    L'un uole bas, & l'autre uole hault,
    L'un eft chetif, l'autre a ce qu'il luy fault,
        L'un fur l'efprit fe fonde,
    L'autre f'arrefte à la beauté du corps :
    O n ne uid onq' fi horribles difcords
    E n ce cahos, qui troubloit les accords
        D ont fut bafty le monde.
Q uelque autre apres, ayant fubtilement
    T rouué l'accord de chacun element,
    F açonne un rond tendant egalement
        A u centre de fon ame :
    S on firmament eft peinct fur un beau front,
    T ous ces defirs font balançez en rond,
    S on pole Artiq', & Antartiq', ce font
        L es beaux yeux de fa Dame.
C eftuy, uoulant plus fimplement aymer,
    V eult un Properce, & Ouide exprimer,
    E t uoudroit bien encor' fe transformer
        E n l'efprit d'un Tibulle :
M ais ceftuy-la, comme un Petrarque ardent,

V a son amour, & son style fardant,
C est autre apres va le sien mignardant,
     C omme un second Catulle.
Q uelque autre encor' la terre dedaignant
V a du tiers ciel les secrets enseignant,
E t de l'Amour, ou il se va baignant,
     T ire une quinte essence :
M ais quant à moy, qui plus terrestre suis,
E t n'ayme rien, que ce qu'aymer ie puis,
L e plus subtil, qu'en amour ie poursuis,
     S'appelle iouissance.
I e ne veulx point sçauoir, si l'amitié
     P rit du facteur, qui iadis eut pitié
     D u pauure Tout fendu par la moitié,
          S a celeste origine :
     V ous souhaitter autant de bien qu'à moy,
     V ous estimer autant comme ie doy,
     A uoir de uous le loier de ma foy,
          V oila mon Androgyne.
N oz bons Ayeulx, qui cest art demenoient,
     Pour en parler, Petrarque n'apprenoient,
     A ins franchement leur Dame entretenoient
          S ans fard, ou couuerture :
     M ais aussi tost, qu'Amour s'est faict sçauant,
     L uy, qui estoit François au parauant,
     E st deuenu flatteur, & deceuant,
          E t de Thusque nature.
S i uous trouuez quelque importunité

En

E n mon amour, qui uoſtre humanité
P refere trop à la diuinité
    D e uoz graces cachees,
C hangez ce corps, obiect de mon ennuy,
A lors ie croy, que de moy, ny d'autruy,
Q uelque beauté que l'eſprit ait en luy,
    V ous ne ſerez cherchees.
E t qu'ainſi ſoit, quand les hyuers nuiſans
A uront ſeiché la fleur de uoz beaux ans,
R idé ce marbre, eſteinct ces feuz luiſans,
    Q uand uous uoirez encore
C es cheueux d'or en argent ſe changer,
D e ce beau ſein l'iuoyre ſ'allonger,
C es lis fanir, & de uous ſ'eſtranger
    C e beau teinct de l'Aurore,
Q ui penſez uous, qui uous aille chercher,
Q ui uous adore, ou qui daigne toucher
C e corps diuin, que uous tenez tant cher?
    V oſtre beauté paſſee
R eſſemblera un iardin à noz yeux
R iand naguere aux hommes, & aux Dieux,
O res faſchant de ſon regard les cieux,
    E t l'humaine penſee.
N'attendez donq' que la grand' faux du Temps
M oiſſonne ainſi la fleur des uoz primtemps,
Q ui rend les Dieux, & les hommes contents:
    L es ans, qui peu ſciournent,
Ne laiſſent rien, que regrets, & ſouſpirs,

H iĳ

E t empennez de noz meilleurs defirs,
A uecques eux emportent noz plaifirs,
   Q ui iamais ne retournent.
I e ry fouuent, uoiant pleurer ces fouls,
   Q ui mille fois uoudroient mourir pour uous,
   S i uous croyez de leur parler fi doulx
     L e pariure artifice :
M ais quant à moy, fans feindre ny pleurer,
   T ouchant ce poinct, ie uous puis affeurer,
   Q ue ie ueulx fain & difpos demeurer,
     P our uous faire feruice .
D e uoz beautez ie diray feulement,
   Q ue fi mon œil ne iuge folement,
   V oftre beauté eft ioincte egalement
     A uoftre bonne grace :
   D e mon amour, que mon affection
   E ft arriuee à la perfection
   D e ce qu'on peult auoir de paffion
     P our une belle face .
S i toutefois Petrarque uous plaift mieux,
   I e reprendray mon chant melodieux,
   E t uoleray iufq' au feiour des Dieux
     D 'une æle mieux guidee :
   L à dans le fein de leurs diuinitez
   I e choifiray cent mille nouueautez,
   D ont ie peindray uoz plus grandes beautez
     S ur la plus belle Idee .

Elegie

32

ELEGIE D'AMOVR.

S'I L m'en souuient, uous me distes un iour
E n uous tenant quelque propos d'Amour,
Q ue uous n'estiez de si leger courage
Q ue de iuger du cueur par le uisage,
Q u'amour si tost ne se peult enflammer,
Q u'il fault premier cognoistre que d'aymer,
E t que hastif ie uoulois faire gerbe
D'une moisson qui est encor' en herbe.

   V oz argumens sont fort à redoubter,
M ais s'il uous plaist mes raisons escouter,
V ous cognoistrez qu'à uaincre ilz sont faciles,
E t qu'ilz ne sont ny Hectors ny Achilles.

   Q uant au premier, ie ne ueulx soustenir
Q ue uous deuiez pour oracle tenir
T out ce qu'on dict, ny que (soit uraye ou feincte)
D essus le front tousiours l'amour soit peincte.
L es cueurs humains un labyrinthe sont,
Q ui maints destours, maintes cachettes ont,
O u lon se perd, qui n'a le fil pour guide
D'un bon esprit, & iugement solide.

   O r auez-uous l'esprit si cler-uoyant,
Q ue nul destour, tant soit il fouruoyant,
V oz pas certains pouroit tromper en sorte,
Q u'ilz n'ay'nt tousiours la raison pour escorte.
V oz yeux, ma Dame, ont pouuoir de perser
L a nuë espesse, & le ciel trauerser,

P asser le roc, sonder le creux de l'onde,
E t uoyager soubs la terre profonde.
Q ui pouroit donc empescher leur uigueur
D e penetrer au plus profond d'un cueur,
E t là au uray descouurir la pensee
D 'un amoureux, s'elle est saine ou blessee ?
    Q uant est de moy, ie ne pris onq' plaisir
A contre-faire un amoureux desir,
C omme ceulx là qui ayment par la plume,
E t sans aymer, font l'amour par coustume.
I e ne suis point si subtil artizan,
Q ue de pouuoir d'un parler courtizan,
D 'un faulx souspir, & d'une larme feincte
M onstrer dehors une amitié contraincte,
D issimulant mon uisage par art,
C ar ie ne suis ny Tuscan, ny Lombard.
    Q u'amour si tost en noz cueurs ne s'enflamme,
C ertainement ie confesse, ma Dame,
Q ue qui de soy ne se peult enflammer,
L e temps luy sert de beaucoup à aymer :
E t n'a dict mal, qui dict qu'à sa naissance
L 'amour est foyble, & de peu de puissance.
M ais il s'entend de ces froides amours,
Q ui sont ainsi qu'on uoid un petit ours,
L equel n'est rien qu'une masse difforme,
A qui sa mere en lechant donne forme.
    L e uray amour naist du premier regard,
E t ne ueult point se façonner par art,

Et

33

E t c'eſt pourquoy ces moitiez ſeparees,
E ſtans iadis par le monde egarees,
S e retrouuans ſi bien ſe reioingnoient,
Q ue iamais plus elles ne ſ'eſloingnoient.
   I'ay pluſieurs poinɛts, que ie pourois induire
A ce propos, ſi ie uoulois deduire
C e faiɛt au long, & demonſtrer comment
L'amour ſ'engendre en nous premierement,
Q uelle eſt ſa fin, ſon eſſence, & nature,
D'ou uient ſouuent qu'on ayme à l'auenture
V n incogneu, & ne ſçait on pourquoy,
F ors que lon trouue en luy ie ne ſçay quoy,
Q ui à l'aymer par force nous incite,
C omme le fer, qui ſuyt la calamite.
I e parlerois d'autres ſortes d'amours,
M ais ce propos eſt de trop long diſcours,
E t me ſuffit uous auoir faiɛt cognoiſtre
Q ue par le temps mon amour ne peult croiſtre.
   Q uand à uouloir faire preuue de moy,
S i uous uouliez pour gage de ma foy
M a propre uie, ayant receu tel gage,
V ous auriez faiɛt à uous meſmes dommage,
P erdant en moy un fidele ſeruant,
Q ui ne uous peult ſeruir, ſ'il n'eſt uiuant.
   I e ſuis content d'endurer mille peines,
M ille ſouſpirs, mille complaintes uaines,
M ille deſdaings, & refus rigoureux,
S i autrement on n'eſt point amoureux:

M ais s'il uous plaist imiter la clemence
D e cestuy-la, dont la bonté immense
A yant esgard à nostre infirmité
N ous donne plus que n'auons merité,
V ous me ferez de uous mesmes la grace,
Q ue sans merite enuers uous ie pourchasse:
S ans qu'auec peine & longue passion
I'ayë uers uous moindre obligation,
C omme i'aurois, & telle iouissance
N e seroit grace, ains plus tost recompense.
     Q uant à uouloir en herbe moissonner
C e qu'en essy uous me pourriez donner
A uec le temps, si i'auois la science
D e le gaingner auecques patience,
I e ne uouldrois qu'on me peust reprocher
Q ue les fruicts uerds ie uoulusse arracher,
N e que si fol, ou si hastif ie feusse,
Q ue leur saison attendre ie ne peusse:
M ais ne peult-on l'amour assaisonner,
C omme les fruicts, & par art luy donner
M aturité, sans bien souuent attendre
S i lenguement, pour le trouuer plus tendre,
Q ue par le temps, ou autre desfaueur
I l ayt perdu le goust, & la saueur?
     L es fruicts d'amour sont de nature telle,
Q u'ilz plaisent plus en leur saison nouuelle,
Q u'en leur hyuer, d'autant que leur uerdeur
N e se meurit iamais par la froideur,

Et

34

E t n'ont le goust ny la couleur si franche,
Q uand de soymesme ilz tumbent de la branche.
  L'amour, ma Dame, en mon affection
E st arriué à sa perfection,
E t ne pouroit ny le temps ny l'usage
Y adiouter un seul poinct d'auantage.
D onques pourquoy en sont les fruicts trop uerds ?
P renez le cas, que cinq ou six hyuers
S oi'nt ia passez, & qu'auec longue peine
I lz soi'nt uenus en accroissance pleine :
D e les cuillir on me peult dispenser,
C'est le moyen, pour l'amour auancer.

CHANSON.

S I uous regardez, ma Dame,
  S ans plus à uostre grandeur,
  V ous dedaignerez l'ardeur,
  D ont uostre beauté m'enflamme :
  V eu que digne ie ne suis
  D u grand bien que ie poursuis.
V ous direz (& ie confesse
  Q ue uous direz uerité)
  Q ue ma basse qualité
  N'egale uostre hautesse,
  E t que mon affection
  N'est qu'une presumption,

M ais si uous iugez la force
    D ont procede mon ennuy,
    E t combien est fol celuy
    Q ui contre l'Amour s'efforce,
    V ous direz mon amitié
    E stre digne de pitié.
L e deuoir de reuerence
    S e doit garder en tout lieu,
    M ais tousiours ce petit Dieu
    N e faict telle difference :
    I l est aueugle, & n'a point
    D'esgard à ceulx-la qu'il poingt.
Q ue la ucrité soit telle,
    I e n'allegueray les Dieux,
    Q ui font descendus des cieux
    P our une beauté mortelle :
    I e ne ueulx pour m'excuser
    A ces fables m'amuser.
D u beau pasteur de Latmie
    L'exemple me suffiroit,
    Q ui en dormant attiroit
    D u ciel la Lune s'amye :
    M ais ie ne demande pas
    Q ue uous descendez si bas.
S i grande n'est mon audace
    D'ozer si hault aspirer,
    N e de uouloir esperer
    P lus que uostre bonne grace :

Mon

35

M on cueur ne uoudroit penſer
R ien qui uous peuſt offenſer.
L e loyer de mon ſeruice,
S i rien ie puis deſſeruir,
C'eſt que ſeulement ſeruir
D e uoſtre gré ie uous puiſſe :
E t que m'ottroyez ce bien,
P uis qu'il ne uous couſte rien.
A llegant pour ma defenſe,
Q ue les royales hauteurs
T ouſiours des bas ſeruiteurs
N' ont eu l'amour pour offenſe :
E t qu'Amour, & maieſté,
S ouuent enſemble ont eſté.
S i la loy d'Amour eſt telle
Q u'on ne doiue ſ'abbaiſſer,
V oſtre grandeur doit laiſſer
T oute choſe au deſſous d'elle,
P our ce que rien entre nous
N e ſera digne de uous.
M ais ſi uous ſuyuez l'exemple
D es Dieux, qui n'ont à dédain,
Q ue d'un ruſtique la main
D es uœus preſente à leur temple,
C omme eulx uous prendrez à gré
M on cueur à uous conſacré.
I entens ſi uoſtre excellence
D igne de l'amour d'un Roy

V oſtre grandeur, & ma foy
M et en egale ballence,
P uis qu'en cela i'ay tant d'heur
D' egaler noſtre grandeur.
S i un Prince uous honore,
  C e n'eſt grande nouueauté:
  I l prend bien la priuauté
  D e plus deſirer encore:
  E t croid que tout ce qu'il ueult,
  R efuſer on ne luy peult.
M ais celuy, qui hors d'attente
  D e ſa requeſte obtenir,
  S ans eſpoir de paruenir
  D e ſa peine ſe contente,
  O n peult dire ſeurement
  Q u'il ayme fidelement.
S uſpecte eſt l'Amour des princes,
  E t de ces amours de court
  S ouuent le bruit, qui en court,
  F aict la fable des prouinces:
  Q ui ayme plus grand que ſoy,
  L uy meſme ſe donne loy.
D e moy uous ne deuez croire,
  Q ue de ma felicité
  P ar quelque legereté
  I amais ie me donne gloire:
  I e ſçay la punition
  D u malheureux Ixion.

Ie ſçay

36

I e sçay la peine d'Anchise :
   E t sçay.mais ie ne ueulx point
   D iscourir quant à ce poinct
   D e garder la foy promise.
   I e ne ueulx rien obtenir
   Q u'on doiue secret tenir .
A u fort, Dame, s'il uous semble
   Q u'on ne me doiue excuser,
   V euillez plus tost accuser
   E t uous, & l'Amour ensemble :
   E t Dieu qui de uous a faict
   V n chef d'œuure trop parfaict .
C ela uous doit estre preuue
   D e uostre perfection,
   P uis que toute affection
   D e uous esclaue se treuue :
   N e uous faictes estimer,
   O u bien uous laissez aymer.
S i mon cueur a faict offense
   D e s'estre à uous attaché,
   A mour a faict le peché,
   E t i'en fais la penitence :
   V n peché, selon les loix,
   N e se doit punir deux fois .
V ous me pouuez bien, ma Dame,
   C ommander de ne uous uoir,
   M ais non de ne uous auoir
   T ousiours engrauce en l'ame :

P*uis qu'Amour auec son traict*
L *uymesme en fit le protraict.*
I *l fault donc qu'il y demeure :*
A *ussi ay-ie ferme foy*
D *e l'emporter auec moy,*
Q *uand il fauldra que ie meure :*
M *e uantant le plus heureux*
D *e tous loyaulx Amoureux.*

B A Y S E R.

S V S *ma petite Columbelle,*
M *a petite belle rebelle,*
Q *u'on me paye ce qu'on me doit :*
Q *u'autant de baysers on me donne,*
Q *ue le poëte de Veronne*
A *sa Lesbie en demandoit.*
M *ais pourquoy te fay-ie demande*
D *e si peu de baysers, friande,*
S *i Catulle en demande peu ?*
P *eu uayment Catulle en desire,*
E *t peu se peuuent-ilz bien dire*
P *uis que compter il les a peu.*
D *e mille fleurs la belle Flore*
L *es uerdes riues ne colore,*
C *eres de mille espicz nouueaux*
N *e rend la campagne fertile,*
E *t de mille raisins, & mille*

Bacchus

37

B acchus n'emplist pas ses tonneaux.
A utant donc que de fleurs fleurissent,
  D'espicz & de raysins meurissent,
  A utant de baysers donne moy :
  A utant ie t'en rendray sur l'heure,
  A fin qu'ingrat ie ne demeure
  D e tant de baysers enuers toy .
M ais sçais-tu quelz baysers, mignonne ?
  I e ne ueulx pas qu'on les me donne
  A la Françoise, & ne les ueulx
  T elz que la Vierge chasseresse
  V enant de la chasse les laisse
  P rendre à son frere aux blonds cheueux :
I e les ueulx à l'Italienne,
  E t telz que l'Acidalienne
  L es donne à Mars son amoureux :
  L ors sera contente ma uie,
  E t n'auray sur les Dieux enuie,
  N y sur leur nectar sauoureux .

AVTRE BAYSER.

QVAND ton col de couleur de rose
  S e donne à mon embrassement,
  E t ton œil languist doulcement
  D'une paupiere à demy close,
M on ame se fond du desir,
  D ont elle est ardentement pleine,

E t ne peult souffrir à grand' peine
L a force d'un si grand plaisir .
P uis quand i'approche de la tienne
M a leure, & que si pres ie suis,
Q ue la fleur recuillir ie puis
D e ton haleine Ambrosienne :
Q uand le souspir de ces odeurs,
O u nez deux langues qui se iouënt,
M oitement folastrent & nouënt,
E uente mes doulces ardeurs,
I l me semble estre assis à table
A uec les Dieux, tant suis heureux,
E t boire à long traicts sauoureux
L eur doulx breuuage delectable .
S i le bien qui au plus grand bien
E st plus prochain, prendre on me laisse,
P ourquoy ne permets-tu, maistresse,
Q u'encores le plus grand soit mien ?
A s-tu peur que la iouissance
D'un si grand heur me face Dieu,
E t que sans toy ie uole au lieu
D' eternelle resiouissance ?
B elle, n'aye peur de cela ,
P ar tout ou sera ta demeure,
M on œil iusq'à tant que ie meure,
E t mon paradis sera là .

Complain-

COMPLAINTE DES SATYRES
AVX NYMPHES.
Du Bembe.

DICTES, Nymphes, pourquoy toufiours
V ous allez fuyant noz amours .
O nt les Satyres quelque enfeigne ,
Q ui merite qu'on les dedaigne ?
   S i nous auons le front cornu ,
B acchus aux cornes eft cogneu :
E t la pucelle Candienne
N e dedaigne point d'eftre fienne .
   S i noftre teinct eft rougiffant ,
P hœbus ne l'a pas blanchiffant :
E t Clymene qui le feit pere ,
P ar luy n'a honte d'eftre mere .
   S i nous portons barbe au menton ,
T el encor' Hercule uoid-on :
E t toutefois Deïanire
D e luy fa bouche ne retire .
   S i noftre eftomac eft uelu ,
M ars, comme nous, l'auoit pelu :
P ourtant n'en faifoit point de plaincte
I lie, qui en feut enceincte .
   S i noz pieds uous femblent honteux ,
E ft il rien plus laid, qu'un boyteux ?
T outefois, ô Cypris la belle ,
V n boyteux fa femme t'appelle .

K ij

B ref, si nature nous a faicts
E n quelques choses imparfaicts,
S i sont telz uices excusables,
P uis qu'au ciel ilz ont leurs semblables.
  M ais uous, qui n'aymez que pour l'or,
(Comme toutes femmes encor)
N ous dedaignez, & n'estes chiches
A ceulx-là, qui sont les plus riches.

SVR VN CHAPPELET DE ROSES.
Du Bembe.

T V m'as faict un chappeau de roses,
Q ui semblent tes deux leures closes,
E t de lis freschement cuillis,
Q ui semblent tes beaux doigts polis,
L es liant d'un fil d'or ensemble,
Q ui à tes blonds cheueux resemble.
  M ais si ieune tu entendois
L'ouurage, qu'ont tyssu tes doigts,
T u serois, peult estre, plus sage
A preuoir ton futur dommage.
  C es roses plus ne rougiront,
E t ces lis plus ne blanchiront:
L a fleur des ans, qui peu seiourne,
S'en fuit, & iamais ne retourne,
E t le fil te monstre combien
L a uie est un fragile bien.

Pour-

P ourquoy donc m'es-tu si rebelle?
M ais pourquoy t'es-tu si cruelle?
S i tu n'as point pitié de moy,
A yës au moins pitié de toy.

EPITAPHE D'VN PETIT CHIEN.

DESSOVS ceste motte uerte
D e lis & roses couuerte
G ist le petit Pelotcn,
D e qui le poil foletcn
F risoit d'une toyson blanche
L e doz, le uentre, & la hanche.
    S on nez camard, ses gros yeux
Q ui n'estoient point chassieux,
S a longue oreille uelue
D'une soyë crespelue,
S a queuë au petit floquet
S emblant un petit bouquet,
S a gembe gresle, & sa patte
P lus mignarde qu'une chatte
A uec ses petits chattons,
S es quatre petits tetons,
S es dentelettes d'iuoyre,
E t la barbelette noyre
D e son musequin friand,
B ref tout son maintien riand
D es pieds iusques à la teste,

D igne d'une telle beste,
M eritoient qu'un chien si beau
E uft un plus riche tumbeau.
    S on exercice ordinaire
E ftoit de iapper & braire,
C ourir en hault & en bas,
E t faire cent mille esbas,
T ous eftranges & farouches,
E t n'auoit guerre qu'aux moufches :
Q ui luy faifoient maint torment,
M ais Peloton dextrement
L eur rendoit bien la pareille :
C ar fe couchant fur l'oreille,
F inement il aguignoit
Q uand quelqu'une le poingnoit,
L ors d'une habile fouppleffe
H appant la mouche traitreffe,
L a ferroit bien fort dedans,
F aifant accorder fes dens
A u tintin de fa fonnette,
C omme un clauier d'efpinette.
    P eloton ne careffoit
S i non ceulx qu'il cognoiffoit,
E t n'euft pas uoulu repaiftre
D'autre main que de fon maiftre :
Q u'il alloit toufiours fuyuant,
Q uelquefois marchoit deuant,
F aifant ne fçay quelle fefte

D'un

D'un gay branlement de teſte .
  P eloton touſiours ueilloit
Q uand ſon maiſtre ſommeilloit,
E t ne ſouilloit point ſa couche
Du u entre ny de la bouche,
C ar ſans ceſſe il gratignoit
Q uand ce deſir le poingnoit:
T ant fut la petite beſte
E n toutes choſes honneſte .
   L e plus grand mal, ce dict-on,
Q ue feiſt noſtre Peloton,
(S i mal appellé doit eſtre)
C'eſtoit d'eſueiller ſon maiſtre,
I appant quelquefois la nuict,
Q uand il ſentoit quelque bruit,
O u bien le uoyant eſcrire,
S auter, pour le faire rire,
S ur la table, & trepigner,
F ollaſtrer, & gratigner,
E t faire tumber ſa plume,
C omme il auoit de couſtume .
M ais quoy? nature ne faict
E n ce monde rien parfaict,
E t n'y a choſe ſi belle,
Q ui n'ait quelque uice en elle .
  P eloton ne mangeoit pas
D e la chair à ſon repas :
S es uiandes plus priſees

C'estoient miettes brisees,
Que celuy, qui le paissoit,
De ses doigts amollissoit :
Aussi sa bouche estoit pleine
Tousiours d'une doulce haleine.
   Mon-dieu quel plaisir c'estoit,
Quand Peloton se grattoit,
Faisant tinter sa sonnette
Auec sa teste folette !
Quel plaisir, quand Peloton
Cheminoit sur un baston,
Ou coife d'un petit linge,
Assis comme un petit singe,
Se tenoit mignardelet
D'un maintien damoiselet !
   Ou sur les pieds de derriere,
Portant la pique guerriere
Marchoit d'un front asseuré,
Auec un pas mesuré !
Ou couché dessus l'eschine,
Auec ne sçay quelle mine
Il contrefaisoit le mort !
Ou quand il couroit si fort,
Qu'il tournoit comme une boule,
Ou un peloton, qui roule !
   Bref, le petit Peloton
Sembloit un petit mouton :
Et ne feut onc creature

De

41

D e ſi benigne nature .
   L as, mais ce doulx paſſetemps
N e nous dura pas long temps :
C ar la mort ayant enuie
S ur l'ayſe de noſtre uie,
E nuoya deuers Pluton
N oſtre petit Peloton,
Q ui maintenant ſe pourmeine
P army ceſte umbreuſe plaine,
D ont nul ne reuient uers nous .
Q ue mauldictes ſoyez-uous
F ilandieres de la uie,
D' auoir ainſi par enuie
E nuoyé deuers Pluton
N oſtre petit Peloton :
P eloton qui eſtoit digne
D' eſtre au ciel un nouueau ſigne,
T emperant le Chien cruel
D' un primtemps perpetuel .

EPITAPHE D'VN CHAT.

M A I N T E N A N T le uiure me faſche :
E t à fin, Magny, que tu ſçaiche’,
P ourquoy ie ſuis tant eſperdu,
C e n'eſt pas pour auoir perdu
M es anneaux, mon argent, ma bource :
E t pourquoy eſt-ce donques ? pource

Q ue i'ay perdu depuis trois iours
M on bien, mon plaisir, mes amours :
E t quoy ? ô souuenance greue !
A peu que le cueur ne me creue
Q uand i'en parle, ou quand i'en escris :
C 'est Belaud mon petit chat gris .
B elaud, qui fut parauenture
L e plus bel œuure que nature
F eit onc en matiere de chats :
C 'estoit Belaud la mort aux rats ,
B elaud, dont la beauté fut telle ,
Q u'elle est digne d'estre immortelle .
　　D onques Belaud premierement
N e fut pas gris entierement ,
N y tel qu'en France on les uoid naistre ,
M ais tel qu'à Rome on les uoid estre ,
C ouuert d'un poil gris argentin ,
R as & poly comme satin ,
C ouché par ondes sur l'eschine ,
E t blanc dessous comme une ermine .
　　P etit museau, petites dens ,
Y eux qui n'estoient point trop ardens ,
M ais desquelz la prunelle perse
I mitoit la couleur diuerse
Q u'on uoid en cest arc pluuieux ,
Q ui se courbe au trauers des cieux .
　　L a teste à la taille pareille ,
L e col grasset, courte l'oreille ,

Et des-

42

E t deſſous un nez ebenin
V n petit mufle lyõnin,
A utour duquel eſtoit plantee
V ne barbelette argentee,
A rmant d'un petit poil folet
S on muſequin damoiſelet .
   G embe greſle, petite patte
P lus qu'une moufle delicate,
S i non alors qu'il deſguaynoit
C ela, dont il egratignoit :
L a gorge douillette & mignonne,
L a queuë longue à la guenonne,
M ouchetee diuerſement
D'un naturel bigarrement :
L e flanc hauſſé, le uentre large,
B ien retrouſſé deſſous ſa charge,
E t le doz moyennement long,
V ray Sourian, ſ'il en fut onq'.
   T el fut Belaud, la gente beſte,
Q ui des piedz iuſques à la teſte,
D e telle beauté fut pourueu,
Q ue ſon pareil on n'a point ueu.
O quel malheur ! ô quelle perte,
Q ui ne peult eſtre recouuerte !
O quel dueil mon ame en reçoit !
V ray'ment la mort, bien qu'elle ſoit
P lus fiere qu'un ours, l'inhumaine,
S i de uoir elle euſt pris la peine

V n tel chat, son cueur endurcy
E n eust eu ce croy-ie mercy :
E t maintenant ma triste uie
N e hayroit de uiure l'enuie.
    M ais la cruelle n'auoit pas
G ousté les follastres esbas
D e mon Belaud, ny la soupplesse
D e sa gaillarde gentillesse :
S oit qu'il sautast, soit qu'il gratast,
S oit qu'il tournast, ou uoltigeast
D'un tour de chat, ou soit encores
Q u'il prinst un rat, & or' & ores
L e relaschant pour quelque temps
S'en donnast mille passetemps.
    S oit que d'une façon gaillarde
A uec sa patte fretillarde
I l se frottast le musequin,
O u soit que ce petit coquin
Priué sautelast sur ma couche,
O u soit qu'il rauist de ma bouche
L a uiande sans m'outrager,
A lors qu'il me uoyoit manger,
S oit qu'il feist en diuerses guises
M ille autres telles mignardises.
    M on-dieu, quel passetemps c'estoit
Q uand ce Belaud uire-uoltoit
F ollastre autour d'une pelote !
Q uel plaisir, quand sa teste sotte

Suyuan:

43

S uyuant ſa quëue en mille tours,
D'un rouet imitoit le cours !
O u quand aſſis ſur le derriere
I l ſ'en faiſoit une iartiere,
E t monſtrant l'eſtomac uelu
D e panne blanche creſpelu,
S embloit, tant ſa trongne eſtoit bonne,
Q uelque docteur de la Sorbonne !
O u quand alors qu'on l'animoit,
A coups de patte il eſcrimoit,
E t puis appaiſoit ſa cholere
T out ſoudain qu'on luy faiſoit chere.
    V oyla, Magny, les paſſetemps,
O u Belaud employoit ſon temps.
N 'eſt il pas bien à plaindre donques ?
A u demeurant tu ne uis onques
C hat plus addroit, ny mieulx appris,
A combattre rats & ſouris .
    B elaud ſçauoit mille manieres
D e les ſurprendre en leurs teſnieres,
E t lors leur falloit bien trouuer
P lus d'un pertuis, pour ſe ſauuer :
C ar onques rat, tant fuſt il uiſte,
N e ſe uit ſauuer à la fuyte
D euant Belaud . au demeurant
B elaud n'eſtoit pas ignorant :
I l ſçauoit bien, tant fut traictable,
P rendre la chair deſſus la table,

I'entens, quand on luy prefentoit,
C ar autrement il uous grattoit,
E t auèc la patte friande
D e loing muguetoit la uiande .
       B elaud n'eftoit point mal-plaifant,
B elaud n'eftoit point mal-faifant,
E t ne feit onq' plus grand dommage
Q ue de manger un uieux frommage,
V ne linotte, ☞ un pinfon,
Q ui le fafchoient de leur chanfon .
M ais quoy, Magny ? nous mefmes hommes
P arfaicts de tous poincts nous ne fommes .
       B elaud n'eftoit point de ces chats ,
Q ui nuict ☞ iour uont au pourchas ,
N'ayant foucy que de leur panfe :
I l ne faifoit fi grand' defpenfe ,
M ais eftoit fobre à fon repas ,
E t ne mangeoit que par compas .
       A ufsi n'eftoit-ce fa nature
D e faire par tout fon ordure ,
C omme un tas de chats, qui ne font
Q ue gafter tout par ou ilz uont :
C ar Belaud, la gentile befte,
S i de quelque acte moins qu'honnefte
C ontrainct pofsible il euft efté ,
A uoit bien cefte honnefteté
D e cacher deffous de la cendre
C e qu'il eftoit contrainct de rendre .

Belaud

B elaud me feruoit de ioüet.
B elaud ne filoit au roüet,
G rommelant une letanie
D e longue & fafcheufe harmonie,
A ins fe plaignoit mignardement
D'un enfantin myaudement.
   B elaud(que i'ayë fouuenance)
N e me feit onq' plus grand' offenfe
Q ue de me réueiller la nuict,
Q uand il entr'oyoit quelque bruit
D e rats qui rongeoint ma paillaffe :
C ar lors il leur donnoit la chaffe,
E t fi dextrement les happoit,
Q ue iamais un n'en efchappoit.
   M ais, las, depuis que cefte fiere
T ua de fa dextre meurtriere
L a feure garde de mon corps,
P lus en feureté ie ne dors,
E t or', ô douleurs nompareilles !
L es rats me mangent les oreilles :
M efmes tous les uers que i'efcris,
S ont rongez de rats & fouris.
   V ray'ment les Dieux font pitoyables
A ux pauures humains miferables,
T oufiours leurs annonçant leurs maulx
S oit par la mort des animaulx,
O u foit par quelque autre prefage,
D es cieux le plus certain meffage.

L e iour que la sœur de Cloton
R auit mon petit Peloton,
I e dis, i'en ay bien souuenance,
Q ue quelque maligne influence
M enassoit mon chef de la hault,
E t c'estoit la mort de Belaud :
C ar quelle plus grande tempeste
M e pouuoit fouldroyer la teste ?
      B elaud estoit mon cher mignon,
B elaud estoit mon compagnon
A la chambre, au lict, à la table,
B elaud estoit plus accointable
Q ue n'est un petit chien friand,
E t de nuict n'alloit point criand
C omme ces gros marcoux terribles,
E n longs miaudemens horribles :
A ussi le petit mitouard
N' entra iamais en matouard :
E t en Belaud, quelle disgrace !
D e Belaud c'est perdu la race.
   Q ue pleust à Dieu petit Belon,
Q ue i'eusse l'esprit assez bon,
D e pouuoir en quelque beau style
B lasonner ta grace gentile,
D' un uers aussi mignard que toy :
B elaud, ie te promets ma foy,
Q ue tu uiurois, tant que sur terre
L es chats aux rats feront la guerre.

EPITAPHE DE L'ABBE BONNET.

C y giſt Bonnet, qui tout ſçauoit,
B onnet, qui la prattique auoit
D e tous les ſecrets de nature,
D ont il parloit à l'auenture,
C ar il eut ſi ſubtil eſprit,
Q u'onq' il n'en leut un ſeul eſcript.
    B onnet ne leut onq' en ſa uie
V n ſeul mot de philoſophie,
E t ſi en ſçauoit, ce dit-on,
P lus qu'Ariſtote, ny Platon.
    B onnet fut un Docteur ſans tiltre,
S ans loy, paragraphe, & chapitre.
B onnet auoit leu tous autheurs,
F ors poëtes & orateurs,
D' hiſtoires, & mathematiques,
E t telles ſciences antiques,
I l ſ'en moquoit : au demeurant
D e rien il n'eſtoit ignorant.
M ais ſa ſcience principale
E ſtoit une occulte Caballe,
Q ui n'auoit rien de defendu,
C ar on n'y euſt rien entendu.
    B onnet entendoit la Magie
A uſſi bien que l'Aſtrologie :
B onnet le futur prediſoit,
E t de tout preſages faiſoit

S ur mutations de prouinces,
S ur guerres, & sur morts de princes :
M ais il n'eut onques le sçauoir
D e pouuoir la sienne preuoir.
     B onnet sçeut la langue Hebraïque
A ussi bien que la Caldaïque,
M ais en Latin le bon Abbé
N'y entendoit ny A, ny B.
B onnet auoit mis en usage
V n barragouin de langage
E ntremeslé d'Italien,
D e François, & Sauoysien.
     B onnet fut de l'Academie
D e ceulx qui souflent l'alchumie,
E t auoit souflé tout son bien,
P our multiplier tout en rien.
B onnet sçauoit donner au uerre
L a couleur d'une belle pierre :
B onnet sçauoit un grand thresor,
B onnet sçauoit un fleuue d'or,
E t auoit trouué des minieres
D e metaulx de toutes manieres.
     B onnet auoit deux pleins tonneaux
D e bagues, de pierres, d'anneaux,
D'or en masse, & parloit sans cesse
D e ses biens, & de sa richesse.
B onnet estoit de tous mestiers,
B onnet frequentoit les monstiers,

Et

E t tousiours barbottoit des leures :
B onnet sçauoit guerir des fiebures
P ar billets au col attachez :
B onnet detestoit les pechez ,
M ais en proces, & playdoirie
C ' estoit une droitte Furie .
B onnet fut cholere & mutin ,
B onnet resembloit un Lutin ,
Q ui ua, qui tourne, qui tracasse
T oute la nuict parmy la place .
   B onnet portoit barbe de chat ,
B onnet estoit de poil de rat ,
B onnet fut de moyen corsage ,
B onnet estoit rouge en uisage ,
A uecques un œil de furet ,
E t sec comme un haran soret :
B onnet eut la teste pointuë ,
E t le col comme une tortuë .
   B onnet s'accoustroit tous les iours
D e deux soutanes de uelours ,
E t ne changeoit point de uesture
P our le chault, ny pour la froidure .
B onnet estoit tousiours croté
E n hyuer, & poudreux l'esté :
E t tousiours traynoit par la ruë
Q uelque semelle décousuë .
   B onnet, soit qu'il plust ou feist beau ,
P ortoit tousiours un uieux chappeau ,

E t ne porta, tant fuſt grand'feſte,
Q u'apres ſa mort bonnet en teſte.
B ref ce Bonnet fut un Bonnet,
Q ui iamais ne porta bonnet.
   B onnet alloit ſur une mule
A uſſi uieille, que pape Iule,
A ccompagné d'un gros uallet
T ouſiours crotte iuſq'au collet,
A uec la bride & couuerture
D igne d'une telle monture.
   B onnet pour la chambre ueſtoit
V ne chamarre, qui eſtoit
D e peau de loup. Quant à ſa table
I l uſoit pour mets delectable
D 'oignons tous cruds, & de porreaux,
E t touſiours il ſentoit les aulx:
L es aulx eſtoient le muſq' & l'ambre,
D ont Bonnet parfumoit ſa chambre.
   B onnet beuuoit grec & latin,
B onnet ſ'enyuroit au matin
P our tout le iour, & apres boyre
B onnet ſ'en uouloit faire croyre.
   B onnet en tout ſe cognoiſſoit,
B onnet de tous maulx gueriſſoit,
E t ſi n'uſoit que d'eau de uie:
M ais la mort, qui en eut enuie,
T ellement ſes forces rauit,
Q ue ſon eau rien ne luy ſeruit.

Bonnet

B onnet faiſoit mille trafiques,
B onnet ſçauoit mille prattiques
E n proces · & les plus famez
D e ces courtiſans affamez,
E n matiere de benefices
P res de luy n'eſtoient que nouices.
    P our bien emboucher un teſmoing,
E t pour bien ſ'ayder au beſoing
D'une uieille lettre authentique,
P our trouuer quelque tiltre antique,
P our rendre un proces eternel,
P our faire un ciuil criminel,
E t pour donner une trauerſe
A u droit de ſa partie aduerſe,
P our eſtonner de ſon caquet
V n iuge, une court, un parquet,
P our faire une importune inſtance,
P our appeller d'une ſentence,
P our cognoiſtre cela qui poingt,
E t pour ſoudain prendre le poinct
D e quelque matiere profonde,
I l n'eſtoit qu'un Bonnet au monde.
    V. ray eſt, qu'on luy feit maint exces,
M ais il gaigna tous ſes proces :
E t fut Bonnet tant habile homme,
Q u'onq' ne perdit en court de Rome,
O u fuſt à droit, ou fuſt à tort,
P roces, ſi-non contre la mort :

D ont encores il se lamente
(C e croy-ie) deuant Rhadamante :
M ais Bonnet aura beau crier,
S'il peut Rhadamante plier .

A BERTRAN BERGIER
poëte dithyrambique .

P our auoir songé en Parnase,
  E t humé de l'eau de Pegase,
  A scree en un moment fut faict
  D e bouuier, poëte parfaict :
M ontrant que la seule nature
  S ans art, sans trauail, & sans cure
  F ait naistre le poëte, auant
  Q u'il ayt songé d'estre sçauant .
B ergier, qui as l'experience
  D e ceste gaillarde science,
  C e qu'Ascree a chanté de soy,
  T u le peulx bien chanter de toy .
E t plus : car sans l'eau crystaline
  D e la fonteine Cabaline,
  E t sans le mont deux fois cornu
  T u es poëte deuenu .
T on ame estant eguillonnee
  D 'une fureur Apollinee,
  T e feit, & ne sçait-on comment,
  N aistre poëte en un moment .

Ta

T a bouche des Dieux interprete
   S ans mascher le laurier prophete,
   N ous decouure les haults secrets
   D e leurs mysteres plus sacrez.
T u ne prins onques fantasie
   D e lire aucune poësie,
   S oit de ce temps, soit de iadis,
   E t si fais des uers plus que dix.
T u ne sçais que c'est de mesures,
   D'apostrophes, ny de cesures,
   N y de ces preceptes diuers
   Q ui monstrent à faire des uers.
A ussi les uers du temps d'Orphee,
   D'Homere, Hesiode, & Musee,
   N e uenoient d'art, mais seulement
   D'un franc naturel mouuement.
L es Bergiers, auec leurs musettes,
   G ardans leurs brebis camusettes
   P remiers inuenterent les sons
   D e ces poëtiques chansons.
D epuis geinant tel exercice
   S oubs un miserable artifice,
   C e qu'auoient de bon les premiers,
   F ut corrompu par les derniers.
D e la uindrent ces Eneïdes,
   E t ces fascheuses Thebaïdes,
   O u n'y a uers sur qui ses dois
   O n n'ayt rongé plus de cent fois.

M ais toy Bergier de franc courage,
    Q ui tiens encor du premier aage,
    D 'un tel mords tu n'as point bridé
    T on esprit librement guidé :
A ins comme on uoid dans la carriere
    L ors qu'on déboucle la barriere,
    L e cheual au cours s'elancer,
    P our ses compaignons deuancer,
T a muse de fureur guidee,
    V olant à course débridee
    A laissé loing derriere soy
    C eulx qui sont partis deuant toy.
D 'un cours plus leger que la foudre
    T u leur as mis aux yeux la poudre,
    N ous monstrant d'un trac non batu,
    L e uray sentier de la uertu.
P remier tu feis des dithyrambes,
    L esquelz n'auoient ny pieds, ny iábes,
    A ins comme balles, d'un grand sault
    B ondissoient en bas, & en hault.
T u dis maintes gayes sornettes,
    S ur le bruit que font les sonnettes,
    A ccordant au uol des oyseaux,
    L es horloges, & leurs appeaux.
A pres en rimes heroiques
    T u feis de gros uers bedonniques
    P uis en d'autres uers plus petis
    T u feis des hachi-gigotis.

                                                    Ainsi

49

A infi nous oyons dans Virgile,
  G aloper le courfier agile,
  E t les uers d'Homere exprimer,
  L e flo-flotement de la mer.
Q ue diray-ie des autres graces,
  Q ue les Dieux comme à pleines taffes
  O nt uersé deffus toy, à fin
  D' en faire un chef d'œuure diuin ?
T u as au chef tant de ceruelle,
  Q u'une autre Minerue nouuelle
  P ourroit naiftre de ton cerueau,
  C omme d'un Iupiter nouueau.
M ais cefte barbe uenerable,
  M ais ce graue port honorable,
  Q ui d'augufte a ie ne fçay quoy,
  N e font-ilz pas digne d'un Roy ?
S i les Roys auoient cognoiffance
  D e toy, & de ta fuffifance,
  S ans toy ilz ne prendroient repas,
  E t fans toy ne feroient un pas.
C ar quand il te plaift de bien dire,
  T u dis mille bons mots pour rire,
  S erenant de ton front ioyeux
  T out foing & chagrin ennuieux.

EPITAPHE D'VN FLAMBEAV.

P A S S A N T, ce malheureux tumbeau
C ouue les cendres d'un Flambeau

N'*agueres pire que la flamme*
Q *ue songea la Troienne Dame,*
Q *ui en effroyables abbois*
F *init sa miserable uoix.*
P *ire que la torche ennemie,*
Q *ui dessus la uille endormie*
A *u milieu du chœur Orgien*
T *rahissoit le mur Phrygien.*
P *ire que la lampe homicide*
D *e celuy, qui dedans Elide*
G *allopant sur un pont d'airain*
C *ontrefaisoit le Souuerain.*

    F *lambeau dont la flamme animee*
A *uoit toute France allumee,*
F *lambeau, ce croy-ie, qui eust or'*
E *mbrazé tout le monde encor',*
S *i le ciel d'un soudain orage*
N '*eust esteinct l'ardeur de sa rage,*
L '*abysmant au centre odieux,*
A *uec les ennemis des Dieux :*
O *u ceste malheureuse torche,*
D *es Fureurs la plus fine emorche,*
S *ert encor' de flambeau qui luit*
E *s mains des filles de la Nuict.*

    F *lambeau plus noir, que ceulx qu'on porte*
A *utour d'une charrongne morte :*
F *lambeau sorcier, flambeau fatal,*
P *ire que le tison natal*

De

50

D e Meléagre, & pire encores
Q ue le feu uioleur, qui ores
S acrilegement furieux
S accage les temples des Dieux,
O r' attize au foyer des uilles
L e brazier des guerres ciuiles .
    F lambeau pire que tous ceulx-là,
D ont le Picard uoid ça & là
D arder les flammes enragees
S ur ses bourgades saccagees .
F lambeau puant, flambeau fumeux,
F lambeau petillant, & gommeux,
F lambeau oingt de poix, & de soulphre
E mprunté du stygieux goulphre .
    F lambeau secret, flambeau mutin,
F lambeau plus ardent au butin,
Q u'une fiere & cruelle armee
A u sac d'une uille enflammee .
    F lambeau du soulphre plus amy,
Q ue le feu forcenant parmy
L a poictrine Sicilienne,
O u la poußiere Thracienne :
N y que le traict Olympien,
D ont le marteau Cyclopien
A rme la puniſſante dextre
A lancer les fouldres addextre :
N y que le boulet furieux,
D ont l'Aleman induſtrieux

N ij

P ar son canon espouantable
R endit le tonnerre imitable :
F lambeau pire que le brandon
D e la mere de Cupidon ,
F lambeau, peur des chastes familles ,
F lambeau, peste des ieunes filles ,
P lus furieux que cestuy-là ,
Q ui la sœur de Caune brula ,
N y que l'ardeur impetueuse ,
Q ui rendit Myrrhe incestueuse ,
N y que le feu demesuré ,
Q ui d'un desir denaturé
C onceut en la Royne de Crete
D u taureau l'amour indiscrete .
    C e Flambeau, quand plus il uentoit ,
D 'autant plus sa force augmentoit ,
V oyre fut de telle nature ,
Q u'en l'onde il eust pris nourriture ,
T ellement il estoit armé
D 'un feu fatalement charmé .
    S a fureur pour un temps cachee
S embloit quelque peu relaschee ,
M ais depuis, que d'un nouueau feu
A dextre esclairer on a ueu
I uppiter dardant ses tempestes
S ur tant de miserables testes ,
C e Flambeau demy languissant
S 'estoit faict plus fort & puissant :

Flambeau,

51

F lambeau, dont les mortes flammesches
M aintenant allument les mesches,
Q ui esclairent au noir seiour,
O u iamais n'esclaire le iour.
    V a donques Flambeau de Furie,
V a exercer ta seigneurie
A u plus creux du goulphre beant
S ur quelque fouldroyé geant,
P uis que iadis d'un tel college
T u feus le Flambeau sacrilege.
    F lambeau des enfers enuoyé,
F lambeau par les cieulx fouldroyé,
O res ta flamme est inutile :
M ais quiconques fut le Perile,
Q ui t'alluma dedans Paris,
I l eut faulte d'un Phalaris.

CONTRE VNE VIEILLE.

VIEILLE plus uieille que le monde,
    V ieille plus que l'ordure immunde,
    V ieille plus que la Fieure blesme,
    E t plus morte que la Mort mesme,
    P lus que la Fureur furieuse,
    E t plus que l'Enuie enuieuse.
T u es une attise-querelle,
    T u es sorciere, & maquerelle,
    T u es hypocrite, & bigotte,

E t toufiours ta bouche marmotte
I e nefçay quoy . tu es au refte
P lus dangereufe que la pefte .
P our bleffer une renommee
A uec ta langue enuenimee ,
P our diffamer tout un lignage ,
P our troubler tout un uoyfinage ,
V n royaume , une feigneurie ,
I l ne fault point d'autre Furie .
E t toutefois , uieille Gorgone ,
T outefois , uieille Tyfiphone ,
T u ofes bien porter enuie
A ux doulx paffetemps de ma uie ,
E t n'as honte , uieille preftreffe ,
D e t'accofter de ma maiftreffe .
T oufiours , uieille , tu la confeilles ,
T oufiours tu luy foufle' aux oreilles
Q uelque charme , pour en fon ame
E fteindre l'amoureufe flamme ,
E t pour empefcher que la belle
N e m'ayme , comme ie fais elle .
T u luy propofes l'infamie
D' une faulfe langue ennemie ,
L a honte de fon parentage ,
L a perte de fon mariage ,
E t mil' autres maulx , qui arriuent
A celles qui l'amour enfuyuent .
P uis ufant d'une autre fineffe ,

52

T u uiens à blaſmer la ieuneſſe ,
E t luy dis de nous autres hommes ,
Q ue pour la plus grand' part nous ſommes
E n amours de leger courage ,
M ais les plus ieunes d'auantage .
L ors tu mets en ieu quelque Moyne ,
O u quelque monſieur le Chanoyne ,
Q ui a force ducats en bourſe ,
O u il y a plus de reſſource
Q u'en ces prodigues de gambades ,
Q ui ne donnent que des aubades .
A inſi auecques mille ruſes
L a ſimplicité tu abuſes
D e ces pauures filles craintiues :
M ais celles qui ſont plus retiues
A tes deuotes remonſtrances ,
P lus horriblement tu les tences .
T u les menaces d'une mere ,
D'un frere, d'un oncle, d'un pere ,
S i les pauurettes n'abandonnent
C es amoureux, qui rien ne donnent ,
E t puis ſ'en uantent par la uille ,
S'ilz trouuent quelque mal'-habile .
T u leur dis, qu'elles ſont charmees ,
E t qu'elles ne ſont point aymees ,
S emant dedans leur fantaſie ,
V ne graine de ialouſie ,
Q ui empoiſonne les penſees

D e ces chetiues infenfees .
T u dis, que tu fçais la maniere
  D e rendre une ame prifonniere ,
  O u de la rendre defliee ,
  S'il luy fafche d'eftre oubliee ,
  E t que pour monftrer ta fcience
  T u en feras l'experience .
E t urayment, uieille enchantereffe ,
  I'apperçoy bien que ma maiftreffe
  N e me faict plus fi bonne chere
  Q u'elle fouloit, & que legere
  E lle retire fa penfee
  D e qui ne l'a point offenfee .
M ais ie ne m'en donne merueille ,
  V eu que tu es la nompareille
  E n toutes manieres de charmes ,
  E t que fouuent de telles armes
  T u as gafté mainte famille ,
  E t feduit mainte pauure fille .
T u peulx deftourner en arriere
  D u ciel la courfe couftumiere ,
  T u peulx enfanglanter la Lune ,
  T u peulx tirer foubs la nuict brune
  L es vmbres de leur fepulture ,
  E t faire force à la nature .
T u peulx faire, fi bon te femble ,
  Q ue foubs tes pieds la terre tremble ,
  Q ue les fleuues contre leur fource

Tournent

53

T ournent la bride de leur courſe,
E t que les arbres des montagnes
D eſcendent au bas des campagnes.
O res tu marches ſolitére
P army l'horreur d'un cimitére,
O r' autour d'une croix celee
T u guides toute eſcheuelee
L e bal que la Sorciere meine
L e dernier iour de la ſemaine.
P ar toy les uignes ſont gelees,
P ar toy les plaines ſont greſlees,
P ar toy les arbres ſe dementent,
P ar toy les laboureurs lamentent
L eurs bledz perdus, & par toy pleurẽt
L es bergers leurs troppeaux qui meurẽt.
T u peulx faire tout ce dommage,
E t peulx encores d'auantage:
M ais pour eſteindre dans une ame
L'ardeur d'une amoureuſe flamme,
T u n'as recepte plus certaine,
Q ue ton regard, & ton haleine.

ELEGIE AMOVREVSE.

S I uoſtre eſprit, qui de ſon origine
T eſmoigne aſſez la nature diuine
P ar les diſcours que faict diuinement

V oſtre celeſte & parfaict iugement,
N e cognoiſſoit combien ſont noz penſees
D e paſsions diuerſes offenſees,
E t par ſur tout de ceſte affection
Q ui uient d'aymer une perfection,
I e m'eſtendrois par plus longue eſcritture
S ur le pouuoir, ſur la cauſe & nature,
S ur les effects, & la diuerſe fin
D e ceſt amour tant humain, que diuin.
    M ais cognoiſſant combien ſont telles choſes
D iuinement en noſtre eſprit encloſes,
I e laiſſeray ceſt argument choiſir
A ux plus ſçauans, & aux plus de loiſir:
M e contentant ſeulement de uous dire
C e que ie puis de mon amour eſcrire
N aïuement, ſans art & fiction,
C omme ſans art eſt mon affection.
    C ognoiſſant donc combien eſt indomtable
D e ceſt amour la force ineuitable,
M eſmes trouuant un ſi digne ſubiect
Comme celuy, qui m'a ſeruy d'obiect,
V ous iugerez mon amour eſtre telle,
V eu que l'amour uient de la choſe belle.
    S i ce n'eſtoit que ie crains d'offenſer
E n uous louant, le modeſte penſer
Q ui ne uous laiſſe ouir noſtre merite,
E t uous faict plus que nous meſmes petite,
I e ne dirois noſtre race & grandeur,

Puis

P uis que le ciel uous a donné tant d'heur
P lus que cela, mais bien la bonne grace
Q u'on uoid reluire en uostre belle face,
V ostre doulceur, uostre humble priuauté,
E t uostre esprit plus beau que la beauté :
P erfections d'un chacun estimees,
M ais plus de moy que de tout autre aymees,
P ar un instinct naturel, qui me faict
C ognoistre en uous de uous le plus parfaict.
    E t s'il uous semble en cela que ie face
A ucune erreur, ie uous supply de grace
C onsiderer, que seul ie ne suis pas
Q ue telle erreur a pris en ses appas :
S' il fault qu'erreur une chose on appelle
Q ui de soy mesme est toute bonne & belle,
P ar qui tout est, sans qui rien ne seroit,
E t sans laquelle icy ne se feroit
R ien de uertu, ne digne de memoire.
E t que doit-on plus priser que la gloire ?
    I e ne pretens pour cela toutefois
(B ien que d'amour les equitables loix
V euillent qu'amour par amour on compense)
V ous obliger uers moy de recompense.
C e que de uous ie desire & pretens,
P our l'amitié, pour la longueur du temps
Q ue i'ay tasché de uous faire seruice,
C' est seulement, Madame, que ie puisse
(S i autre bien ie ne puis desseruir)

D e uoſtre gré uous aymer & ſeruir.
   V ous pouuez bien Madame, & ma Deeſſe,
V ous pouuez bien commander que ie ceſſe
D e uous hanter, de uous parler, & uoir,
M ais uous n'auez, & ie n'ay le pouuoir
D e commander à mes deſirs en ſorte,
Q ue mon amour ne ſoit touſiours plus forte.
   S i uous pouuez uoz graces uous oſter,
D e uous aymer uous pouuez m'exempter :
M ais ſi du ciel le uouloir immuable
P our uoz uertus uous a faict tant aymable,
Q u'elle raiſon au'ous, quand à ce poinct,
D e commander qu'on ne uous ayme point ?
   P ermettez donc, ie uous ſupply, Madame,
P ermettez moy que uoſtre ie me clame,
Q ue ie uous ayme, & porte dans mon cueur :
O u ſ'il uous plaiſt, pour m'uſer de rigueur,
M e commander que tel ie ne demeure,
C ommandez moy enſemble que ie meure.

LA COVRTISANNE REPENTIE.
DV LATIN DE P. GILLEBERT.

R ETIREZ *uous amoureuses pensees*
  D *es faulx plaisirs de Venus offensees,*
  E *t toy qui es le pere du soucy,*
  C *ruel Enfant, retire toy aussi.*
R *etirez uous ourdisseurs de finesse,*
P *ropos flatteurs, qui gastez la ieunesse,*
L *armes, souspirs, nostre plus grand sçauoir,*
S *ubtilz appas pour les fols deceuoir :*
R *etirez uous, petites mignardises,*
E *t uous du lict folastres gaillardises,*
E *t tout cela, que par art feminin*
A *mour detrempe au miel de son uenin.*
  A *dieu, adieu uous qui m'auez aymee,*
E *t qui m'auez surmonté desarmee :*
A *dieu troppeau affronteur bien instruict,*
T *roppeau Romain, qui la grand' louue suit.*
D' *un long adieu, adieu donc mes complices,*
Q *ui uieillissez au bourbier de uoz uices,*
Q *ui maintenant sur la fleur de uoz ans*
D *e toutes pars ceinctes de courtisans,*
V *ous assemblez par leur sotte largesse*

O iij

I niuſtement une faulſe richeſſe,
O u qui gaingnez, ô miſerable gaing!
A tous uenans nuict & iour uoſtre pain.

	I e ne ueulx plus, pour tels loyers acquerre,
G aigner la ſoulde en l'amoureuſe guerre:
I e ne ueulx plus ces fineſſes braſſer,
I e ne ueulx plus les amans enlacer
P ar tels appas de promeſſes friuoles,
N y pour l'argent donner belles parolles.

	P ar la cité, portant deſſus le front
L e feinct martel, ie n'iray comme uont,
Q uand la fureur les a faict plus malades,
D u Dieu Bacchus les uineuſes Mẹnades.
I e laiſſe là tous ces ſiſflets menus,
S iſflets tant bien des amoureux cognus:
I e ne ueulx plus me pourmener en coche,
M arque iadis des Dames ſans reproche,
S igne auiourdhuy des uices éfrontez,
Q ui ont rendu noz honneurs éhontez.

	R ome, qui as ueu de tes ſept montaignes
T out l'uniuers ployé ſoubs tes enſeignes,
T u ne uoy plus, pour ton plus grand bonheur,
Q u'un grand troppeau de filles ſans honneur.
T' a point laiſſé Ilië la Veſtale
D e tant de maulx la ſemence fatale?
O u ſi tu tiens ces deſirs uicieux
D e celle-là, qui miſe entre les Dieux
P our celebrer ſes feſtes impudiques,

Faict

F aict despouiller celles qui sont publiques ?
  T iendrois tu point, ô Romaine cité !
D e ton autheur ton impudicité ?
Q ui enleua par publiques rapines
I mpuniment les craintiues Sabines .
M ars te donna un esprit belliqueur ,
T u tiens d'Ilië à ceste heure le cueur :
L es anciëns ont adoré le pere ,
E t maintenant nous adorons la mere .
V oyla le poinct de toute ma douleur ,
V oyla l'obiect de mon premier malheur ,
L a liberté trop librement permise ,
Q u'impudemment tes uices ont acquise .
  A dieu donc fards, dont mon uisage est peingt ,
B oetes, ou sont les couleurs de mon teinct ,
E aux, & empoix, dont la face on déguise ,
C roye, & Ceruse, & Biaque de Venise .
I e prens de uous congé pour tout iamais ,
I e ne ueulx plus me peindre desormais ,
A ins des icy abandonne l'usage
D u fard menteur, qui gaste le uisage :
D e la beauté ie me ueulx contenter ,
Q ue m'a uoulu nature presenter ,
E t ne ueulx plus, pour me faire plus belle ,
C hanger par art ma forme naturelle .
  P lus de pincette, & miroir ie ne ueulx :
A dieu le soing de friser les cheueux ,
E aux, & unguents par lesquels on efface

T aches, rougeurs, & rousseurs de la face,
C e qui deride, & plus estroittement
S erre la peau dessoubs le uestement :
C e qui les dents conuertist en iuoyre,
E t des sourcils la uoulte rend plus noire :
C e qui les doigts crasseux, & mal polis
C hange en couleur de roses, & de lis .

    A dieu uous dy, ô uous herbes encore,
P ar qui le chef de iaune se colore :
D rogues adieu, & adieu tout cela
P ar qui reuint mon poil, qui s'en alla :
A dieu encor' la caulte medicine,
Q ui m'a gardé de reclamer Lucine .

    A dieu par qui s'échaufe la froideur,
A dieu par qui se corrige l'odeur,
E aux de senteurs, musq', & ciuette, & ambre,
P arfums du lict, & parfums de la chambre :
L e luth, le bal, & tout ce qui plaist mieux
S oit du Petrarque, ou soit du Furieux .
A dieu lyens, enchantemens, & charmes ,
Q ui de nostre art sont les dernieres armes .

    A dieu fenestre, & porte ou trop souuent
I'ay amusé l'amoureux poursuyuant ,
P orte cent fois, d'une main courroucee ,
D es fols amans en cholere poussee .
A dieu sifflets, & petis bruits legers ,
S ignes, qui sont mutuels messagers ,
E t tous les arts, dont la uieille rusee

Sçait

57

S çait appaſter la ieuneſſe abuſee.

    O bon Aduis, ſi tu es quelque Dieu,
I e prens franchiſe en ton plus ſacré lieu,
T e preſentant la deſpouille du uice,
C omme nonnain uouëe à ton ſeruice.
I' apporte icy la cendre des plaiſirs,
Q ui ont bruſlé mes plus ieunes deſirs,
E t le meſpris de tout cela qu'ameine
L e faulx appas de ceſte uie humaine :
A ffranchis donc mes eſprits retenus
T rop longuement ſoubs les loix de Venus.

    E t quand à uous, ô robbes Tyriennes,
R obbes de ſoye, & perles Indiennes,
P etis anneaux par l'oreille paſſez,
R iches carcans à mon col enlacez,
P ompeux habits, dont la molle richeſſe
F ut le loyer de ma folle ieuneſſe,
O u ſoyez-uous par la flamme abolis,
O u au plus creux de l'onde enſeuelis :
R ien n'en demeure, & ne ſoit, moy bruſlee,
F lammeſche aucune à mes cendres meſlee.

LA CONTRE-REPENTIE.
Du meſme Gillebert.

S I mon eſprit, qui peult ſortir dehors
D e ce qui n'eſt que priſon de ſon corps,
S uyuant touſiours ſa trace couſtumiere

R echerche encor' la liberté premiere,
S i le ſejour d'un trauail ocieux,
N ourriſſement des deſirs uicieux,
R éueille en moy la flamme accouſtumee,
P lus que deuant en mon cueur allumee,
P ourquoy, helas, d'un nœu ſi rigoreux
A y-ie lié mes ans plus uigoreux,
E t pourquoy ſ'eſt la doulceur de ma uie
D eſſoubs un ioug ſi peſant aſſeruie?
F olle, pourquoy en lieu ſi reſerré
D edans mon corps ſ'eſt mon cueur enterré,
S i en moymeſme eſtant enſeuelie,
I e ſuis encor' de la flamme aſſaillie?
  O r adieu donc uaine captiuité,
Q ui ſerue tiens noſtre pudicité,
P udicité ſoubs miſerable feinĉte
D'un ſoing forcé honteuſement contrainĉte.
M ere d'Amour, ſuyuant mes premiers uœuz,
D eſſous tes loix remettre ie me ueulx,
D ont ie uouldrois n'eſtre iamais ſortie,
E t me repens de m'eſtre repentie.
  C ar ueu le ſoing, les trauaulx & dangers,
D ont & par terre, & par flots eſtrangers
N ous ſommes ceinĉts, ueu la follie humaine
A mbicieuſe aux cauſes de ſa peine,
O ſe'-tu bien, ô rigoreux Cenſeur,
D e noz plaiſirs corrompre la doulceur?
O ſe'-tu bien l'Amour nous interdire,

58

Q ui de noz maulx le seul bien se peult dire ?
   R eposez donc au champs Elysiens,
R eposez uous esprits des anciens :
E t tousiours soient de roses rougissantes,
E t de beaux lis uoz urnes florissantes :
P our à bon droit auoir deisié
C e sainct troppeau à Venus dedié,
C e sainct troppeau de filles plus humaines,
T ant reueré des Matrónes Romaines .
   C ypris ainsi, source de nostre sang,
E ntre les Dieux iadis trouua son rang.
E t sçauez uous, qui l'a faicte si grande ?
C ypris la belle estoit de nostre bande .
S i Flore n'eust faict le peuple heritier
D e tant de biens gaingnez à ce mestier,
L e peuple n'eust, pour la memoire d'elle,
P artant d'honneurs rendu Flore immortelle .
E t toy, qui es nostre premier honneur,
R omaine Ilië, à ce mesme bonheur
T'appelle encor' ta martiale Rome,
Q ui de son sang l'origine te nomme .
   H elas pourquoy allons-nous donc courant
A pres l'aduis du sot peuple ignorant?
P ourquoy defend la loy mal equitable,
C ela qui est sainctementimitable?
P ourquoy sont tant noz desirs ennemis
D e ce qu'aux Dieux les hommes ont permis?
P ourquoy nous a la liberté rauie

P ij

C e faulx honneur, tyran de noftre uie?
   R ome , feignons qu'on nous chaffe d'icy ,
S oudainement tu te uoyras aufsi
A bandonner, car cefte feule perte
P ourra fuffire à te rendre deferte :
S oudain de toy l'eftranger f'enfuira ,
D ' y demeurer le moyne f'ennuira ,
E t de tes murs fe rendra fugitiue
D es courtifans la grand' troppe lafciue .
   D es monuments par le temps deuorez
N ous fommes feuls ornemens demeurez ,
S euls ornemens de l'antique memoire ,
E t de ce lieu la renaiffante gloire .
R ome, qui fceus tout le monde domter ,
T u le peulx bien encores furmonter
P ar le moyen des armes Cypriennes ,
E t regaingner tes palmes anciennes .
   D eformais donc à mon col foit permis
I etter le ioug, ou ie l'auois foumis ,
E t deformais retourne la franchife
D e pere en filz à noftre fang acquife :
F ranchife las, que fort mal i'entendy
L ors qu'en ce lieu ferue ie me rendy ,
M ais qui fera deformais fa demeure
A uecques moy, iufq'à tant que ie meure .
   D euotes fœurs, qui eftes fur la fleur
D e uoz beaux ans, ie plains uoftre malheur,
I e plains le foing, qui uous ronge fans ceffe,

Ie

59

I e plains le temps, ie plains uoſtre ieuneſſe.
L as uous ſeichez, & les flambeaux ardens
D e uoz deſirs uous bruſlent au dedans,
C omme du blé les foreſts iauniſſantes
A rdent parmy les flammes rauiſſantes.
C omme le feu en la fournaiſe eſtrainct
V a forcenant, le uoſtre ainſi contrainct
S ecrettement uous ard iuſq'aux moëlles,
E t en bruſlant acquiert forces nouuelles.
V ous languiſſez, & uoyant tout au tour
V oz corps ſerrez d'un effroyable tour,
V ous efforcez, auecques mains craintiues,
R ompre les lacz, qui uous tiennent captiues.
  A inſi l'oyſeau en la cage enfermé
R echerche en uain ſon bois accouſtumé,
A inſi en uain la beſte priſonniere
V eult retourner en ſa uieille teſniere,
E t uous ainſi uoulez ſortir de là :
M ais les deſtins ſ'oppoſent à cela,
V ous enſerrant plus fort que la noire onde,
Q ui court là bas en neuf tours uagabonde.
P eu à peu donc uoz corps ſe bruſleront,
E t tous ſeichez en cendres tumberont :
M ais quant à moy, libre ie m'en deporte,
E t de bonne heure éloingne uoſtre porte.
  A dieu uerroulx, adieu portaulx ferrez,
L es petis trous des huis touſiours ſerrez,
L es lieux deuots, les chambrettes petites,

L'enroué son des chansons tant redittes,
L e long silence, & le tumbeau des corps
D euant leur mort mis au nombre des morts,
L es ueufues nuicts, & l'aiguillon qui touche
L es tendres cueurs en leur deserte couche .
  C herchez, cherchez qui d'un teinct palissant
T rompe l'ardeur de son feu languissant :
O u qui par art un mary se façonne,
E t son plaisir elle mesme se donne :
O u qui si fort l'imagine en ueillant,
Q u'ell' le resente encor' en sommeillant :
O u qui auec quelque compagne sienne
V oyse imitant la docte Lesbienne .
  I e ne ueulx plus nature deceuoir
P ar ce qu'on peult en dormant conceuoir,
I e ne ueulx plus d'un Demon estre femme,
I e ne ueulx plus contr'-imiter la flamme
D e ces Iumens, qui pleines bien souuent
P our leur mary n'ont autre que le uent,
Q uand le primtemps (miracle de l'Espagne)
L es époinçonne à trauers la campagne .
I e laisse là ces plaisirs contrefaicts,
I e ueulx sentir les naturels effects,
E t m'en retourne aux tentes plus heureuses
G aigner la solde aux guerres amoureuses .
  E t quant à uous, armes de chasteté,
H abits tesmoings de nostre honnesteté,
L e uermoulu, & les taignes encore ,

Et

60

E t le reclus deformais uous deuore,
I e uous delaiſſe, & promez ne ſentir
D 'or'enauant un autre repentir.

LA VIEILLE COVRTISANNE.

B I E N que du mal duquel ie ſuis atteinte,
S oit deformais tardiue la complainte,
E t qu'on ne doiue imputer à raiſon
L e repentir qui uient hors de ſaiſon :
S i me plaindray-ie, & de mon inconſtance
R enouuelant la uieille repentance,
(Q uoy que promis i'euſſe de ne ſentir
D 'or'enauant un autre repentir)
M 'efforceray de ſoulager ma peine
P ar les ſouſpirs d'une complainte uaine.
    P eut eſtre encor que de mon ſouſpirer
Q uelqu'un pourra quelque profit tirer,
E t que mon mal, ſi bien on le contemple,
A ux moins ruſez pourra ſeruir d'exemple :
R ecompenſant par ce nouueau bienfaict,
S i mieulx ne puis, mon antique forfaict.
    D onques à fin de mieulx faire cognoiſtre
T out mon malheur, uenant mon age à croiſtre
P lus que mon ſens, ſur les douze ou treize ans
E ſtant nourrie aux delices plaiſans,
Q ue peult gouſter une fille legere
D eſſoubs la main d'une impudique mere,

P our ne laiſſer deſſus l'arbre uieillir
M a belle fleur, ie la laiſſay cuillir,
N on à quelqu'un dont on deuſt faire compte,
E t dont l'honneur peuſt amoindrir ma honte,
M ais à un ſerf: un ſerf eut ce bon heur,
D e trionfer de mon premier honneur,
S ecrettement: car ma mere diſcrette
S ceut bien tenir l'entrepriſe ſecrette.

   B ien toſt apres ie uins entre les mains
D e deux ou trois gentilz-hommes Romains,
D eſquelz ie fus auſſi vierge rendue,
C omme i'auoy pour vierge eſté uendue:
D e main en main ie fus miſe en auant
A cinq ou ſix, vierge comme deuant.

   D epuis ſuiuant une meilleure uoye,
D'un grand prelat ie fus faicte la proye,
Q ui cherement ma ieuneſſe achepta,
C omme pucelle: & ſi bien me traitta,
Q ue ie deuins, uoire en bien peu d'eſpace,
B elle, en bon poinct, & de meilleure grace.

   D eſlors i'apprins à chanter & baller,
T oucher le luth, & proprement parler,
V eſtir mon corps d'accouſtrement propice,
E t embellir mon teinct par artifice:
B ref i'apprins lors ſoubs bons enſeignemens,
D e mon ſçauoir les premiers rudimens:
C ar le prelat, duquel i'eſtoy l'amie,
V oire duquel i'eſtoy l'ame demie,

Le

61

L e cueur, le tout, n'auoit autre plaisir,
Q ue satisfaire à mon ieune desir.
         D eux ou trois ans me dura ceste uie,
I usques à tant qu'il me prist une enuie
D e la changer : comme on uoid bien souuent
T rop grand plaisir se conuertir en uent,
E t pour ne uoir chose qui luy desplaise,
L 'esprit humain se fascher de son aise.
O combien mal conuient la maiesté
A uec l'amour ! rien que la liberté
N e me failloit : mais defaillant icelle,
M e defailloit toute chose auec elle.
N y les faueurs, ny les bons traittemens,
C haisnes, anneaux, & riches uestemens,
D e cent ualets me uoir estre honoree,
E t du seigneur à peu pres adoree,
E stre nourrie en repos ocieux,
B ref, s'il y a chose qui plaise mieulx,
Q uoy que lon feist, ou dist pour me complaire,
R ien ne pouuoit mon esprit satisfaire.
         L a liberté de pouuoir deuiser,
D ' aller en masque, & de se déguiser,
S iffler de nuict par une ialousie,
F aire l'amour, uiure à sa fantasie,
S ans esprouuer la fascheuse prison
D e ne pouuoir sortir de la maison
S ans un ualet, & sans congé du maistre
N ' oser monstrer le nez à la fenestre :

C e seul desir mon esprit chatouilloit,
C e seul ennuy mon repos trauailloit,
E t peu à peu d'une lente tristesse
D écoloroit la fleur de ma ieunesse .
C e que uoyant celuy que ie seruoy,
P our se desfaire honnestement de moy,
F eit par soubs main brasser un mariage,
N on sans uanter mes biens & mon lignage,
M a bonne grace, & mon honnesteté,
E t par sur tout ma grande chasteté.
    A ces appas se uint prendre un ieune homme,
Q ui peu rusé aux finesses de Rome,
S e tint heureux d'auoir tel bien trouué :
M ais quand il eut à sa honte esprouué
C e que i'estoy, premierement il use
D e grans rigueurs: puis d'une plus grand'ruse,
D issimulant son courage odieux
P ar beau parler, & par caresse d'yeux,
O res priant, ores d'une autre grace
A la priere adioustant la menace,
E n peu de temps se gouuerna si bien,
Q u'il se feit maistre & du sien, & du mien.
    R obbes, ioyaux, meubles, & autres choses
P lus cherement en mes coffres encloses,
A rgent contant, argent à interest,
T out fut leué soubs umbre d'un acquest.
F inablement se dressant un uoyage,
M on bon espoux se met en equipage,

62

S e part de Rome, & sans parler à moy,
S'en alla rendre au seruice du Roy :
O u il mourut, & depuis n'ouy onques
P arler de luy. En ce bel estat doncques
I e demeuray, sans faueur ne support,
C ar mon Prelat, de malheur, estoit mort :
E t ne m'estoit de toute ma richesse
R ien demeuré qu'un petit de ieunesse .

   D oncques m'aydant de moymesme au besoing,
E t reiettant toute uergongne au loing,
I'ouure boutique, & faicte plus sçauante,
V ous metz si bien ma marchandise en uante,
S ubtilement affinant les plus fins,
Q u'en peu de temps fameuse ie deuins .

   L ors me uoyant par Rome assez cognue,
P our n'estre en ranc d'esgaldrine tenue,
D e deux ou trois à poste ie me mis,
L esquelz estoient mes plus fermes amis :
E t tous les mois me donnoient pour salaire
V n chacun d'eulx trente escus d'ordinaire .

   I e laisse icy à discourir comment,
I e me sçauois gouuerner dextrement
A uecques eulx, à l'un faisant caresse,
A l'autre usant de plus grande rudesse,
S elon que d'eulx ie cognoissois le cueur
S e manier par douceur ou rigueur :
N'oubliant pas ceste commune ruse,
D e contenter de quelque maigre excuse

Q ij

L e mal-content : & sans aymer aucun,
D onner à tous le martel en commun .
P ar ce moyen chacun se pensant estre
P lus fauorit, pour demeurer le maistre,
C omme à l'enuy, par presens achetoit
C e qu'auoit moins à qui plus il coustoit .
　　 C estoit le bon, quand pour donner licence
A l'un des trois, les deux faisoient instance :
C omme il auient, que pour chasser un tiers,
L es autres deux s'accordent uoluntiers .
L ors ie disois, ou que sa laide face,
S on poil rousseau, ou sa mauuaise grace
P lus que la mort me faschoient, toutefois
E n le perdant, que ie perdois un mois .
　　 E ux donc ayans de me demander honte
V ne faueur qui ne tournoit à compte,
S e contentoient, pour garder amitié,
D 'y suppleer chacun pour la moitié .
A insi iamais n'amoindrissoit ma rente,
E t me restoit une place uaquante,
D ont i'en sçauois bien faire mon profit .
　　 A ucunefois ie prenois à credit
E n leur presence, ou supposois des debtes :
C onclusion, i'auois mille receptes,
P our leur tirer les quatrins de la main :
O res faignant de me faire nonnain,
O res parlant de quelque mariage,
O res de faire à Naples un uoyage,

63

O u à Venize, ou en quelque autre lieu,
E t que bien toſt ie leur dirois adieu.
A ucunefois ie me faiſois enceinte,
O u me faignois de quelque fieure attainte,
E t ce que peult un artifice tel,
P our s'encherir, ou pour donner martel.
  V oyla comment ie traittois l'amy ferme,
L equel iamais ne failloit à ſon terme :
C ar les pendents, & les bracelets d'or,
L es ſcoffions, & les chaiſnes encor,
G ands parfumez, robbes & pianelles,
G arnels, bourats, chamarres, caparelles,
L icts de parade, & corames dorez,
S auons de Naplè, & fards bien colorez,
M iroers, tableaux ou i'eſtois en peinture,
M aſques, banquets, & coches de uecture,
E t s'il y a de conſumer le bien
A utres moiens, n'eſtoient comptez pour rien.
  Q ue diray plus ? i'auois mille prattiques :
C ar tout cela qui s'achepte aux boutiques,
N e couſtoit rien, & meſme le boucher
L e plus ſouuent eſtoit payé en chair.
I uſqu'aux faquins (ſi l'honneur me diſpence
D e dire ainſi) i'eſpargnoy la deſpence :
C ar tout l'argent des honneſtes amis,
P our mettre en banque, en reſerue eſtoit mis.
I 'auoy de plus quelque nuict la ſepmaine,
Q ui m'eſtoit franche : & lors ie mettois peine,

Q iij

D e prattiquer quelque nouuelle amour,
E t ne passois inutile un seul iour.
A cest effect ie tenoy pour fantesque
V ne rusee & vieille Romanesque,
Q ui descouurant quelque ieune emplumé,
A uant qu'il fust de mon faict informé,
T rouuoit moyen de faire l'entreprise
S ecrettement, & comme bien apprise,
N 'oublioit pas de prendre auant la main,
D isant comment i'estoy de sang Romain,
E t que i'estoy femme d'un gentilhomme,
L equel pour lors estoit banny de Rome.
   V oyla comment ie traittoy l'estranger :
M ais par sus tout ie craignoy le danger
D es escroqueurs, ne me tenant mocquee,
S i-non alors que i'estoy escroquee :
C e qui causoit que moins ie m'adressois
A l'Espagnol, qu'au liberal François,
D oulce, courtoise, humaine, quant au reste :
M ais ce pendant fuyant plus que la peste,
C es ieunes gens, lesquels sans desbourcer,
A tous propos pour beaux ueullent passer,
N ous pensant bien payer d'une gambade,
D 'une chanson, d'un luth, ou d'une aubade :
C e qui nous trompe, & faict que bien souuent,
N ous nous trouuons les mains pleines de uent.
   I 'auois aussi une soingneuse cure
D e n'endurer sur mon corps une ordure :

De

64

D e boire peu, de manger ſobrement,
D e ſentir bon, me tenir proprement,
F uſt en public, ou fuſt dedans ma chambre :
O u l'eau de naffe, & la ciuette, & l'ambre,
L e linge blanc, le pennache euentant,
E t le ſachet de pouldre bien ſentant
N e manquoient point : ſur tout ie prenoy garde
(R uſe commune à quiconque ſe farde)
Q u'on ne me peuſt ſurprendre le matin.
B ref tout cela qu'enſeigne l'Aretin,
I e le ſçauoy : & ſçauoy mettre en œuure
T ous les ſecrets que ſon liure deſcouure :
E t d'abondant mille tours incogneus,
P our eſueiller la dormante Venus.
    I'eſtoy pourtant en mes propos honneſte,
E t ne faiſois à tout le monde feſte,
L egerement careſſant un chacun :
I'auoy pour tous un entretien commun,
E t de façons grauement aſſeurees,
S çauoy fort bien encherir mes denrees.
    D e la uertu ie ſçauoy deuiſer,
E t me ſçauoy tellement déguiſer,
Q ue rien qu'honneur ne ſortoit de ma bouche :
S age au parler, & follaſtre à la couche.
A uſſi uoid-on qu'un propos uicieux,
P lus que le uice eſt ſouuent odieux :
E t que rien tant que uertu n'eſt aymable,
O u ce qui eſt à la uertu ſemblable.

C hacun se flatte en son affection,
O u il cognoist quelque perfection,
E t ne peult bien la Dame estre estimee,
Q ue lon cognoist indigne d'estre aymee :
T ant la uertu plaist en celles qui l'ont,
S i-non au cueur, pour le moins sur le front.
    P ar telz moiens i'acquis faueur en Rome,
E t ne se fust estimé galant homme,
Q ui n'eust eu bruit de me faire l'amour.
A u demeurant, fust de nuict ou de iour,
I e ne craignois d'aller sans ma patente,
C ar i'estois franche, & de tribut exempte.
I e n'auois peur d'un gouuerneur fascheux,
D 'un barisel, d'un esbiere outrageux,
N y qu'en prison lon retint ma personne
E n court Sauelle, ou bien en tour de Nonne :
N 'ayant iamais faulte de la faueur,
D 'un Cardinal, ou autre grand seigneur,
D ont on uoyoit ma maison frequentee :
C e qui faisoit que i'estois respectee,
E t que chacun craignoit de me fascher,
V oyant pour moy les plus grands s'empescher.
    S ix ou sept ans ie feis ce beau mesnage :
A yant passé le meilleur de mon aage
E n ces plaisirs, (si plaisir fault nommer
V n peu de doulx meslé de tant d'amer)
C ar quel plaisir, helas, me pouuoit-ce estre,
B ien que ie prinsse à dextre & à senestre,

D'auoir

65

D'auoir ſoubmis mes membres éhontez
A l'appetit de tant de uoluntez?
E t d'imiter le uiure d'une beſte,
P our m'enrichir par un gain deshonneſte?
E t d'endurer d'un amant furieux
M ille deſdaings, & mots iniurieux?
D e ſupporter une aiſſelle ſuante,
V n nez punais, une bouche puante,
V ne ſottiſe, & perdre à tous propos
P our un martel, & repas & repos?
   O utre la peur (geine perpetuelle)
D'une uerolle, ou d'une pellarelle,
E t tout cela dont ſe trouue heritier,
Q ui longuement exerce tel meſtier.
C ar quant au ſoing ou chacune ſe fonde,
D e ſe farder, de ſe faire la blonde,
D e ſe friſer, de corriger l'odeur,
S errer la peau, réchauffer la froideur,
I e n'en dy rien, pour eſtre telle peine
C ommune encor à la dame Romaine.
O bien heureuſe & trois & quatre fois,
Q ui n'eſt ſugette à ſi penibles loix.
   C e fut pourquoy une ſepmaine ſainćte,
E ſtant pour lors ma conſcience attainte
D'un ſainćt remords, que quelque bon Dęmon,
M e feit ſentir au milieu d'un ſermon,
S ans y penſer ſoudain ie me diſpoſe
F aire de moy une metamorphoſe:

R

E t de changer mon lafcif ueſtement,
E n un deuot & ſainct accouſtrement.
C e que ie feis: & deuins conuertie,
D onnant deſlors une grande partie
D e mes treſors à la religion:
O u toſt apres changeant d'opinion,
I e me trouuay à mal party rangee,
E t plus d'habit que de uouloir changee.
  D onc inhabile au feruice de Dieu,
I'abandonnay de bonne heure le lieu:
E t retournant d'ou ie m'eſtoy partie,
M e repenty de m'eſtre repentie.
A inſi tournee à mon premier meſtier,
P our regaigner tout cela qu'au monſtier
I'auoy laiſſé, i'ouure l'eſcolle au uice,
E t commençay d'un plus grand artifice
Q u'au parauant, à dreſſer mes appas,
E t retenter les amoureux combats,
O u ie r'acquis d'un utile dommage,
T out le perdu, & beaucoup d'auantage.
  A donc ie uins en reputation:
E t prins deſlors telle preſumption,
D e grands ſeigneurs me uoyant courtiſee,
Q ue mon meſpris me rendit meſpriſee.
I e tais icy pour mon premier bon heur,
D u trente & un le fameux deshonneur,
E t ſuppoſé au lieu d'un gentilhomme
D edans mon lict l'executeur de Rome:

Qui

66

Q ui ce plaisir deuant cent & cent yeux
R ecompensa du fouet iniurieux.
 I e tais encor la verolle gouteuse,
L a denterelle, & pellade honteuse,
E t mon uisage en tant de lieux sfrizé,
Q ue mille fards ne l'eussent deguisé.
 I' auois pourtant encor bonne prattique,
E t pour cela ne fermay la boutique :
C ar le renom de mon credit passé,
E t le tresor que i'auois amassé,
M' entretenoient : & puis ma bonne grace
R ecompensoit d'une si braue audace
C e que les ans de beau m'auoient osté,
Q ue mon autonne on prenoit pour esté.
 I' auois au lict cent mille gaillardises,
M ille bons mots, & mille mignardises :
D e bien baller on me donnoit le pris,
I' auoy du luth moyenement appris,
E t quelque peu entendoy la musique :
Q uant à la uoix, ie l'auois angelique,
E t ne se fust nul autre peu uanter,
D e sçauoir mieux le Petrarque chanter.
 A u demeurant, i'auoy la main diuine,
F ust sur la toile, ou fust sur l'estamine :
E t uoluntiers y emploioy le temps,
Q uand ie n'auois un meilleur passetemps.
A ucunefois en accoustrement d'homme,
I e passageoy pompeusement par Rome

S ur un cheual de mesme enharnaché,
E t le pennache à la guelphe attaché,
N e me montrois moins superbe & uaillante,
Q u'une Marphise, ou une Bradamante.
B ref ie sçauoy de toute chose un peu,
E t n'estoy pas ignorante du ieu,
F ust aux eschets, ou fust à la premiere :
O u ie n'estois de perdre coustumiere,
I ouant tousiours à moytié pour celuy,
Q ui ne prenoit que la perte pour luy.
   A ucunefois n'estant de la partie,
I'estoy si bien de mon faict aduertie,
Q u'autant de fois qu'une reste on gaignoit,
A utant de fois la manche on me donnoit.
A ucunefois ne m'estant aggreable
Q uelque ioyau, d'une usure honorable
A cinq ou six ie le faisois payer,
E t leur baillois à la rasle à iouer.
   V oyla comment par cent moyens honnestes,
I e recueillois la laine de mes bestes :
D onc ie tondois les unes quelquefois,
E t quelquefois les autres escorchois :
V sant par tout de si grand artifice,
Q ue sans monstrer un seul poinct d'auarice,
C eux-là dont plus de presens i'auoy pris,
S e reputoient estre plus fauoris.
   M a maison donc, moins que iamais deserte,
E stoit quasi comme une escolle ouuerte

D'hon-

67

D'honnesteté, ou il falloit uenir,
Pour bien sçauoir Dames entretenir.
L à se disoient mille bons mots pour rire,
L à les plus sots s'efforceoient de mieux dire,
C omme à l'enuy, & là soir & matin
S e rapportoit toute chose au butin .
       S'il se faisoit quelque assemblee honneste,
Q uoy que ce fust i'estoy tousiours de feste :
E t n'eust esté le banquet bien fourny ,
Q ui de tel metz eust esté dégarny .
I e me trouuois de ducats plusieurs milles,
Q ui ne m'estoient en un coffre inutiles :
I' auois meublé une belle maison,
E t richement, & selon la saison :
E t sur la porte auois mis pour deuise ,
L a pluye d'or de la fille d'Acrise :
V oulant par là honnestement monstrer,
Q ue par l'or seul on y pouuoit entrer .
       H eureuse, las, heureuse, & trop heureuse ,
S i Cupidon de sa torche amoureuse,
P our chastier cent mille indignitez
D e tant d'amans, que i'auois mal traittez ,
N' eust allumé dans mes froides mouëlles
L e feu uengeur de ses flammes cruelles :
M e contraignant d'aymer plus que mes yeux ,
P lus que mon cueur, un ieune audacieux ,
Q ui d'autant plus que d'une humble caresse
I e m'efforçois d'amollir sa rudesse :

R iij

P lus me fuyoit, & se paissoit, cruel,
D e mon torment & pleur continuel.
     L as quantes fois ialousement malade,
C ourant par tout, ainsi qu'une Menade,
A y-ie suiuy sans crainte du mocqueur
C est inhumain, qui m'emportoit le cueur !
L as quantes fois, en lieu d'estre endormie,
L e pensant estre es bras d'une autre amie,
N uds pieds, nud chef, au temps des longues nuicts,
A y-ie rompu & fenestres & huys,
I niuriant de mille outrages celle,
Q ui receloit mon ennemy chez elle !
L as quantes fois suis-ie allee au deuin,
E t quantes fois aux sorcieres, à fin
D e retenir par lyens & par charmes
C est obstiné uainqueur de telles armes !
     L e poil au chef me herisse d'horreur,
M e souuenant de ce que la fureur
M e faisoit faire : ores d'un cimetére,
T irant de nuict quelque vmbre solitére,
O res au ciel la Lune ensanglantant,
O res le cours des fleuues arrestant.
     L es vers sacrez, les celestes augures,
L es poincts couplez, les magiques figures,
L es saincts fuseaux, les noms ensorcelez,
L es os des morts, & les lauriers bruslez :
C e que du front des poulains on attire,
L es yeux de loup, les images de cire,

Les

68

L es nœuds charmez, & le nombre de trois,
A uec le mal, qu'on appelle des mois :
B ref, tout cela que peut telle science,
(E t tout en uain) i'en feis l'experience.

    C e n'eſt pas tout . les preſens amoureux,
E t tout le bien, que mes ans plus heureux
M' auoient acquis auec peine infinie,
V ignes, maiſons, argent à compagnie,
E n moins d'un an tout cela fut uendu,
E t en banquets & preſens deſpendu
P our ceſt ingrat, ingrat, ingratiſsime,
L equel tenoit de mes penſers la cyme,
P uis me planta, uoyant tout conſumé
C e qu'il auoit tant ſeulement aymé.

    E t puis uoicy pour m'acheuer de peindre,
C elle que plus les Dames doiuent craindre,
S ur un baſton marchant à pas comptez,
D ame Vielleſſe aux cheueux argentez :
Q ui rauiſſant d'une main larronneſſe
C e qui reſtoit encor de ma ieuneſſe,
N e m'a laiſſé que la grauelle aux reins,
L a goutte aux pieds, & les galles aux mains,
L a toux aux flancs, la micraine à la teſte,
E t à l'oreille une ſourde tempeſte.

    D e ce beau chef tout l'honneur eſt eſteinct,
C e beau uiſage a changé ſon beau teinct
E n teinct de mort : & ceſte bouche bleſme,
D eſſus ſes bords a peincte la mort meſme.

C es deux beaux yeux iadis flambeaux d'amour,
S e font cachez de peur de uoir le iour,
E t pour pleurer leurs fautes, & mes peines,
S ont de flambeaux conuertis en fonteines .
     I e ne puis plus ny fentir, ny goufter,
P lus ne me plaift les doux fons efcouter,
L e fens me fault, & l'efprit qui me laiffe,
P lus que le corps fe fent de la uieilleffe .
I' ay oublié tout cela qu'autrefois,
I' auoy apprins du luth & de la uoix,
I' ay oublié tous mes bons mots pour rire,
I e ne fçay plus que me plaindre & mefdire,
I e ne fçay plus que touffer & cracher,
F afcher autruy, & d'autruy me fafcher .
     Q uant au meftier, dont il fault que ie uiue,
C' eft de filler, ou lauer la leffiue,
F aire traffiq' de quelques uieux drappeaux,
C ompofer fards, contrefaire des eaux ,
V endre des fruicts, des herbes, des chandelles
A ux iours de fefte, & crier les chambelles .
     V oyla l'eftat, ou ie gaigne mon pain,
P our ma uielleffe armer contre la faim,
E t pour payer une chambre locande,
C e qui eft or' ma deffenfe plus grande .
A u demeurant ie ne difcours icy
P ar le menu le chagrin, le foucy,
E t le foubfon, que la uieilleffe cache
D edans fon fein : le mal qui plus me fafche,

Et

E t qui me faict cent fois le iour perir,
C'eſt de uouloir, & ne pouuoir mourir.
    O que ie ſuis differente de celle,
Q ue i'eſtois lors, quand ieune, riche, & belle
V n eſcadron i'auoy de tous coſtez
D e courtiſans pompeuſement montez,
M'accompagnant ainſi qu'une princeſſe,
F uſt au matin, quand i'allois à la meſſe,
O u fuſt au ſoir, alors qu'il me plaiſoit
D e me trouuer ou le bal ſe faiſoit !
    L as maintenant un chacun me deſdaigne,
E t ſeulement pauureté m'accompagne :
C eux que iadis deſdaigner ie ſouloy,
M'appellent vieille, & ſe mocquent de moy :
E t ceux dont plus i'eſtoy fauoriſee,
S ifflent ſur moy d'une longue riſee :
S e uergongnans de m'auoir uoulu bien,
P our rien en moy ne cognoiſtre du mien.
    I uſques icy a couru ma fortune,
S elon le temps aduerſe, ou opportune.
M ais, ô chetiue ! encor n'eſt-ce le poinct :
Q ui plus au uif le courage me poingt.
L e ſeul obiect de ma complainte amere
C'eſt, c'eſt l'ennuy de me ueoir pauure, & mere,
N on d'un qui ſoit d'aage pour ſe nourrir,
O u qui me puiſſe au beſoing ſecourir,
M ais d'une fille encor ieune & debile,
Q ui ſur les bras m'eſt en charge inutile,

E t fera, las, fi ceſt aſtre inhumain,
R egne long temps ſus le climat Romain.
    I ' ay ueu Leon, delices de ſon aage,
I ' ay ueu Clement de ce meſme lignage,
I ' ay ueu encor ce bon Paule ancien,
P remier honneur du ſang Farneſien :
A pres ceſtuy i ' ay ueu Iules troiſieme,
O res ie uoy le grand Paule quatrieme.
    D e tous ceux-là ie me doy contenter :
D e ceſtui-cy ie me ueulx lamenter,
P our auoir mis d'une loy rigoreuſe
D eſſoubs les pieds la franchiſe amoureuſe,
A boliſſant d'un edict defendeur
C e qui eſtoit de Rome la grandeur.
    C ar ſi de ceux que Rome plus honore,
D e courtiſans, & des autres encore
O n ueult ainſi les plaiſirs limiter,
Q uelz eſtrangers y uiendront habiter ?
T ous ſ'en fuiront, ou pour dernier remede
E xerceront l'amour de Ganymede,
O u ſans cela ne ſont que trop appris
C eux qui ont loy de n'eſtre point repris.
    O temps ! ô meurs ! ô malheureuſe annee !
O triſte regne ! ô Rome infortunee !
N 'eſtoit-ce aſſez, que le diſcord mutin
T ' euſt faict du monde un publique butin,
E t d'auoir ueu ſur ta riue Latine
S i longuement la guerre & la famine,

S i malheureuſe encor tu ne perdois
L a liberté : liberté, que tu dois
P lus regretter, que tes palais antiques ,
D ont nous uoyons les poudreuſes reliques .
    F ille, qui m'es plus chere que mes yeux ,
H elas pourquoy t'ont faiſt naiſtre les cieux
S oubs un tel ſiecle ? ou, pourquoy ſi durable
A y-ie ueſcu, pour te ueoir miſerable ?
H elas, fault-il que ce beau chef doré ,
C es deux beaux yeux, ce pourpre coloré ,
C e front, ce nez, ceſte bouche diuine ,
E t ce beau corps, qui des Dieux eſtoit digne ,
S oit le butin, non point d'un courtiſan ,
M ais d'un faquin, ou d'un pauure artiſan ?
    P our cela donc d'une main ſi ſoigneuſe ,
T 'ay-ie eſleuee ? ô fille malheureuſe ,
S i tu deuois par telle indignité
P erdre la fleur de ta virginité !
E ſtoit-ce là ceſte belle ieuneſſe ,
D ont ie faiſois mon baſton de uieilleſſe ?
E ſtoit-ce ainſi que mes trauaulx paſſez
D euoient un iour eſtre recompenſez ?
O ciel cruel, eſtoiles coniurees ,
N 'auois-ie aſſez de peines endurees ,
S i en ma fille, en ceſt aage ou ie ſuis ,
I e ne uoyois renaiſtre mes ennuis ?
    I e n'en puis plus, & mes pleurs qui ſ'eſpandent,
A grands ruiſſeaux, le parler me defendent :

S ij

D onques priant ceux là qui me liront,
E t de mes pleurs (peult-estre) se riront,
D e m'excuser, si par trop de langage
(V ice commun à celles de mon aage)
I'ay discouru & mon mal, & mon bien,
I e feray fin : que peusse-ie aussi bien,
P our n'estre plus à ces maulx asseruie,
C omme à mes pleurs, mettre fin à ma uie.

METAMORPHOSE D'VNE ROSE.

C OMME sur l'arbre sec la ueufue tourterelle
  R egrette ses amours d'une triste querelle,
  A insi de mon mary le trespas gemissant,
  E n pleurs ie consumois mon aage languissant :
Q uand pour chasser de moy ceste tristesse enclose,
  M on destin consentit que ie deuinsse Rose,
  Q ui d'un poignant hallier se herisse à l'entour,
  P our faire resistance aux assaults de l'Amour.
I e suis, comme i'estois, d'odeur näiue & franche,
  M es bras sont transformez en épineuse branche,
  M es piedz en tige uerd, & tout le demeurant
  D e mon corps est changé en Rosier bien fleurant.
L es plis de mon habit sont écailleuses poinctes,
  Q ui en rondeur egalle autour de moy sont ioinctes :
  E t ce qui entr'ouuert monstre un peu de rougeur,
  I mite de mon ris la premiere doulceur.
M es cheueulx sont changez en fueilles qui uerdoyent,

Et

E t ces petis rayons qui uiuement flamboyent
A u centre de ma Rose, imitent de mes yeux
L es feuz iadis égaulx à deux flammes des cieulx.
L a beauté de mon teinct à l'Aurore pareille
N'a du sang de Venus pris sa couleur uermeille,
M ais de ceste rougeur que la pudicité
I mprime sur le front de la virginité.
L es graces, dont le ciel m'auoit fauorisee,
O r' que Rose ie suis, me seruent de rosee :
E t l'honneur qui en moy a fleury si long temps,
S'y garde encor' entier d'un eternel primtemps.
L a plus longue frescheur des roses est bornee
P ar le cours naturel d'une seule iournee :
M ais ceste gayeté qu'on uoit en moy fleurir,
P ar l'iniure du temps ne pourra deperir.
A nul ie ne defends ny l'odeur, ny la ueuë,
M ais si quelque indiscret uouloit à l'impourueuë
S'en approcher trop pres, il ne s'en iroit point
S ans esprouuer comment ma chaste rigueur poingt.
Q ue nul n'espere donc de rauir ceste Rose,
P uis qu'au iardin d'honneur elle est si bien enclose:
O u plus soingneusement elle est gardee encor',
Q ue du Dragon ueillant n'estoient les pommes d'or.
C eluy qui la uertu a choisy pour sa guide,
C e sera celuy seul qui en sera l'Alcide :
A luy seul i'ouuriray la porte du uerger,
O u heureux il pourra me cueillir sans danger.
Q u'autrement on n'espere en mon cueur faire bréche :

C _ar ie ne crains Amour, ny ſon arc, ny ſa fléche :_
I _'eſteins, comme il me plaiſt, ſon brandon furieux,_
L _es æles ie luy couppe, & débende les yeux ._

HYMNE DE LA SVRDITE
A P. DE RONSARD VAND.

I E _ne ſuis pas, Ronſard, ſi pauure de raiſon,_
D _e uouloir faire à toy de moy comparaiſon,_
A _toy, qui ne ſeroit un moindre ſacrilege,_
Q _u'aux Muſes comparer des pies le college,_
A _Minerue Aracné, Marſye au Delien,_
O _u à noſtre grand Prince un prince Italien ._
  B _ien ay-ie, comme toy, ſuiuy des mon enfance,_
C _e qui m'a plus acquis d'honneur que de cheuance :_
C _eſte ſaincte fureur, qui pour ſuyure tes pas,_
M _'a touſiours tenu loing du populaire bas,_
L _oing de l'ambition, & loing de l'auarice,_
E _t loing d'oyſiueté, des uices la nourrice,_
A _uſſi peu familiere aux ſoldats de Pallas,_
C _omme elle eſt domeſtique aux preſtres & prelats ._
  A _u reſte, quoy que ceulx, qui trop me fauoriſent,_
A _u pair de tes chanſons les miennes authoriſent,_
D _iſant, comme tu ſçais, pour me mettre en auant,_
Q _ue l'un eſt plus facile, & l'autre plus ſçauant,_

S i ma facilité semble auoir quelque grace,
S i ne suis-ie pourtant enflé de telle audace,
D e la contre-peser auec ta grauité,
Q ui sçait à la doulceur mesler l'utilité.
 T out ce que i'ay de bon, tout ce qu'en moy ie prise,
C 'est d'estre, comme toy, sans fraude, & sans feintise,
D 'estre bon compaignon, d'estre à la bonne foy,
E t d'estre, mon Ronsard, demy-sourd, comme toy :
D emy-sourd, ô quel heur! pleust aux bõs Dieux que i'eusse
C e bon heur si entier, que du tout ie le feusse.
 I e ne suis pas de ceux, qui d'un uers triomphant
D éguisent une mouche en forme d'Elephant,
E t qui de leurs cerueaux couchent à toute reste,
P our louer la folie, ou pour louer la peste :
M ais sans changer la blanche à la noire couleur,
E t soubs nom de plaisir déguiser la douleur,
I e diray, qu'estre sourd (à qui la difference
S çait du bien, & du mal) n'est mal qu'en apparence.
 N ature aux animaulx a cinq cens ordonnez,
L e gouster, le toucher, l'œil, l'oreille, & le nez,
S ans lesquels nostre corps seroit un corps de marbre,
V ne roche, une souche, ou le tronc d'un viel arbre.
I e laisse à discourir au iugement commun
L 'usage, & difference, & uertu d'un chacun,
L esquelz, pour presider en la part plus insigne,
S ont de plus grand seruice, & qualité plus digne :
C omme l'œil, le sentir, & ce nerf sinueux,
Q ui par le labyrinth' d'un chemin tortueux

L e son de l'air frappé conduit en la partie,
Q ui discourt sur cela, dont elle est auertie :
L e pertuis de l'ouye, & les trois petis os,
Q ui sont à cest effect en noz temples enclos :
D e quel sage artifice, & necessaire usage
L a nature a basty ce petit cartilage,
Q ui de l'oreille estant le fidele portier,
D roit sur le petit trou du cauerneux sentier
B at eternellement, si d'une humeur épesse,
Q ui pour sa grand' froideur resouldre ne se laisse,
S on bat continuel ne se treuue arresté,
D'ou uient ce fascheux mal, qu'on nomme Surdité :
F ascheux à l'ignorant, qui ne se fortifie
D es diuines raisons de la philosophie.
I e ne ueulx estre icy de la secte de ceulx,
Q ui disent n'estre mal, tant soit-il angoisseux,
F ors celuy, dont nostre ame est atteincte & saisie,
E t que tout autre mal n'est que par fantaisie.
C ombien que le né sourd, & par tel uice exclus
D u sens, qu'on dict acquis, ne s'en fasche non plus
(C omme lon peult iuger) que d'estre né sans æles,
O u n'égaller au cours les bestes plus isnelles,
E n force les taureaux, les poissons au nager,
O u de ne se pouuoir, comme un Demon, changer :
D'autant que le regret uient de la cognoissance
D u bien, du quel on a perdu la iouissance,
E t qu'on ne doit aucun estimer malheureux
P our ne iouir du bien, dont il n'est desireux,

Non

N on plus qu'est un cheual, ou autre beste telle,
P our n'auoir, comme nous, la raison naturelle :
   S i est-ce toutefois que pour l'homme estre né
V n animal docile, auquel est ordonné
C ontre le naturel de chacune autre beste,
D'esleuer, plus diuin, aux estoilles sa teste :
S i par estre né sourd, il ne peult conceuoir
R ien plus hault, que cela que ses yeux peuuent uoir,
S ans cognoistre celuy, qui homme l'a faict naistre,
M alheureux ie l'estime, or' qu'il ne le pense estre :
A ussi bien que lon dict (& nous tenons ce poinct)
N'estre plus grand malheur, que cil de n'estre point.
   M ais cestuy-là, Ronsard, qui n'est sourd de nature,
A ins l'est par accident, s'il a par nourriture
Q uelque sçauoir acquis, c'est un sourd animal,
P riué d'un peu de bien, & de beaucoup de mal.
C ar tout le bien, qu'on peult receuoir par l'oreille,
P rocede ou d'un doulx son, qui nostre esprit réueille,
O u d'un plaisant propos, dont nostre entendement
R eçoit en l'escoutant quelque contentement.
   O r celuy, qui est sourd, si tel default luy nie
L e plaisir qui prouient d'une doulce armonie,
A ussi est il priué de sentir maintefois
L'ennuy d'un faulx accord, une mauuaise uoix,
V n fascheux instrument, un bruit, une tempeste,
V ne cloche, une forge, un rompement de teste,
L e bruit d'une charrete, & la doulce chanson
D'un asne, qui se plaingt en effroyable son.

T

E t s'il ne peult gouster le plaisir delectable,
Q u'on a d'un bon propos, qui se tient à la table,
A ussi n'est il subiect à l'importun caquet
D'un indocte prescheur, ou d'un fascheux parquet :
A u babil d'une femme, au long prosne d'un prestre,
A u gronder d'un uallet, aux iniures d'un maistre,
A u causer d'un bouffon, aux broquars d'une court,
Q ui font cent fois le iour desirer d'estre sourd.
   M ais il est mal uenu entre les damoizelles :
O bien heureux celuy, qui n'a que faire d'elles,
N y de leur entretien ! car si de leurs bons mots
I l n'est participant, par faulte de propos
I l ne s'estonne aussi, & ne se mord la langue,
R ougissant d'auoir faict quelque sotte harangue.
   M ais il est soubsonneux, & tousiours dans son cueur
S e faict croire qu'il sert d'argument au moqueur :
I l ne le doit penser, s'il se pense habile homme,
A ins pour tel qu'il se croid, doit croire qu'on le nomme.
   M ais il n'est appellé au conseil des Seigneurs :
O que cher bien souuent s'achetent tels honneurs
D e ceulx, qui tels secrets dans leurs oreilles portent,
Q uand par legereté de la bouche ilz leur sortent !
   M ais il est taciturne : ô bien heureux celuy,
A qui le trop parler ne porte point d'ennuy,
E t qui a liberté de se taire à son aise,
S ans que son long silence à personne déplaise !
   L e parler toutefois entretient les amis,
E t nous est de nature à cest effect permis :

Et

74

E t ne peult-on pas bien à ſes amis eſcrire,
V oire mieulx à propos,ce qu'on ne leur peult dire?
  S i eſt-ce un grand plaiſir,dira quelque cauſeur,
D 'entendre les diſcours de quelque beau diſeur.
M ais il eſt trop plus grand de uoir quelque beau liure,
O u lors que noſtre eſprit du corps franc & deliure,
V oyage hors de nous,& nous faict uoir ſans yeux
L es cauſes de nature,& les ſecrets des cieux :
P our aux quelz penetrer,un Philoſophe ſage
V oulut perdre des yeux le neceſſaire uſage,
P our ne uoir rien qui peuſt ſon cerueau departir :
E t qui plus que le bruit peult l'eſprit diuertir?
  L a Surdité,Ronſard,ſeule t'a faict retraire
D es plaiſirs de la court,& du bas populaire,
P our ſuyure par un trac encores non battu
C e penible ſentier,qui meine à la uertu .
E lle ſeule a tiſſu l'immortelle couronne
D u Myrte Paphien,qui ton chef enuironne :
T u luy dois ton laurier,& la France luy doit
Q u'elle peult deſormais ſe uanter à bon droit
D 'un Horace,& Pindare,& d'un Homere encore,
S'elle uoid ton Francus,ton Francus qu'elle adore
P our ton nom ſeulement,& le bruit qui en court :
D ois-tu donques,Ronſard,te plaindre d'eſtre ſourd?
  O que tu es heureux,quand le long d'une riue,
O u bien loing dans un bois à la perruque uiue,
T u uas,un liure au poing,meditant les doulx ſons ,
D ont tu ſçais animer tes diuines chanſons ,
T ij

S ans que l'aboy d'un chien, ou le cry d'une beſte,
O u le bruit d'un torrent t'élourdiſſe la teſte.
Q uand ce doulx aiguillon ſi doulcement te poingt,
I e croy, qu'alors, Ronſard, tu ne ſouhaites point
N y le chant d'un oyſeau, ny l'eau d'une montagne,
A yant auecques toy la Surdité compagne,
Q ui faiſt faire ſilence, & garde que le bruit
N e te uienne empeſcher de ton aiſe le fruiſt.
    M ais eſt-il harmonie en ce monde pareille
A celle qui ſe faiſt du tintin de l'oreille ?
L ors qu'il nous ſemble ouir, non l'horreur d'un torrent,
A ins le ſon argentin d'un ruiſſeau murmurant,
O u celuy d'un baſſin, quand celuy qui l'eſcoute,
S'endort au bruit de l'eau, qui tumbe goutte à goutte.
    O n diſt qu'il n'eſt accord, tant ſoit melodieux,
L equel puiſſe egaler la muſique des Cieux,
Q ui ne ſe laiſſe ouir en ceſte terre baſſe,
D'autant que le fardeau de ceſte lourde maſſe
H ebete noz eſprits, qui par la Surdité
S ont faiſts participans de la diuinité.
    R egarde donc, Ronſard, s'il y a melodie
S i doulce que le bruit d'une oreille eſſourdie,
E ſi la Surdité par un double bienfaiſt
N e recompenſe pas le mal, qu'elle nous faiſt,
E n quoy meſmes les Dieux, Déeſſe, elle reſemble,
Q ui nous uerſent l'amer, & le doux tout enſemble.
    O que i'ay de regret en la doulce ſaiſon,
Q ue ie ſoulois regner paiſible en ma maiſon,

Si

S i sourd, que trois marteaux tumbans sur une masse
D e fer estincelant, n'eussent rompu la glace
Q ui me bouchoit l'ouyë, heureux, s'il en feut onc :
L as feusse-ie aussi sourd, comme i'estois adonc !

    L e bruit de cent uallets, qui mes flancz enuironnent,
E t qui soir & matin à mes oreilles tonnent,
L e deuoir de la court, & l'entretien commun,
D ont il fault gouuerner un fascheux importun,
N e me fascheroit point . un crediteur moleste
(R ace de gens, Ronsard, à craindre plus que peste)
N e troubleroit aussi l'aise de mon repos,
C ar, sourd, ie n'entendrois ne luy, ne ses propos .

    I e n'orrois du Castel la fouldre, & le tonnerre,
I e n'entendrois le bruit de tant de gens de guerre,
E t n'orrois dire mal de ce bon Pere Sainct
D ont ores sans raison toute Rome se plaingt
B lasmant sa cruauté, & sa grande conuoitise,
Q ui ne craint (disent-ilz) aux despends de l'Eglise
E nrichir ses nepueus, & troubler sans propos
D e la Chrestienté le publique repos .

    I e n'orrois point blasmer la mauuaise conduite
D e ceux qui tout le iour trainent une grand' suite
D e braues courtisans, & pleins de uanité
V oyant les ennemis autour de la cité,
P ortent Mars en la bouche, & la crainte dans l'ame :
I e n'orrois tout cela, & n'orrois donner blasme
A ceux qui nuict & iour dans leur chambre enfermez
A yant à gouuerner tant de soldats armez,

T iij

F ont aux plus patiens perdre la patience,
T ant superbes ilz sont, & chiches d'audience.
     I e n'entendrois le cry du peuple lamentant
Q u'on uoise sans propos ses maisons abbatant,
Q u'on le laisse au danger d'un sac épouentable,
E t qu'on charge son doz d'un faiz insupportable.
O bien heureux celuy qui a receu des Dieux
L e don de Surdité! uoire qui n'a point d'yeux,
P our ne uoir, & n'ouir en ce siecle ou nous sommes
C e qui doit offenser & les Dieux, & les hommes.
     I e te saluë, ô saincte, & alme Surdité!
Q ui pour throsne, & palais de ta grand' maiesté
T'es caué bien auant soubs une roche dure
V n antre tapissé de mousse, & de uerdure:
F aisant d'un fort hallier son effroyable tour,
O u les cheutes du Nil tempestent à l'entour.
     L à se uoid le Silence assis à la main dextre
L e doigt dessus la leure: assise à la senestre
E st la Melancholie au sourcil enfonsé:
L'Estude tenant l'œil sur le liure abbaissé
S e sied un peu plus bas: l'Ame imaginatiue,
L es yeux leuez au ciel, se tient contemplatiue
D ebout deuant ta face: & là dedans le rond
D'un grand miroir d'acier te faict uoir iusq' au fond
T out ce qui est au ciel, sur la terre, & soubs l'onde,
E t ce, qui est caché soubs la terre profonde:
L e graue Iugement dort dessus ton giron,
E t les Discours ælez uolent à l'enuiron.

                                                        Donq'

D onq’, ô grand’ Surdité, nourrice de sageſſe,
N ourrice de raiſon, ie te ſupply, Déeſſe,
P our le loyer d’auoir ton merite uanté,
E t d’auoir à ton loz ce Cantique chanté,
D e m’eſtre fauorable, & ſi quelqu’un enrage
D e uouloir par enuie à ton nom faire oultrage,
Q u’il puiſſe un iour ſentir ta grande deité,
P our ſçauoir, comme moy, que c’eſt de Surdité.

F I N

FAVLTES SVRVENVES EN L’IMPRESSION.

A V Bayſer qui ſe commēce, *Quand ton col de couleur de roſe*, fueillet 37, pour *mon œil*, liſez *mon ciel*. En la vieille Courtiſanne, fueil.62, pour *m’eſtoit à compte*, liſez *mettoit à compte*, maniere de parler Italienne. Au meſme fueillet, pour *dont i’en ſçauois*, liſez *dont ie ſçauois*. En la meſme Courtiſanne, fueil.63, pour *Coches de veſture*, liſez *Coches de vecture*. En la meſme, fueil.64, pour *d’vn esbiere oultrageux*, liſez *ny d’vn Sbirre oultrageux*.

EXTRAICT DV PRIVILEGE DV ROY.

I L eſt permis à Federic Morel Imprimeur & Libraire en l’Vniuerſité de Paris, d’imprimer & uendre ce preſent liure intitulé, Diuers Ieux ruſtiques, & autres œuures poetiques de IOACHIM DVBELLAY. Et defendu treſexpreſſement de par le Roy à tous autres Imprimeurs & Libraires de imprimer ne expoſer en uente d’autre impreſſion (ny meſme de la ſienne, ſans ſon conſentement) ledict liure, & autres œuures poetiques dudict autheur imprimees par ledict Morel: Et ce, ſur peine de cõfiſcation des liures, & d’amende arbitraire enuers le Roy, l’Autheur, & ledict Imprimeur. Ainſi que plus amplement il appert par le Priuilege octroyé audict DVBELLAY, Donné à Paris le XVII. iour de Ianuier, Mil cinq cens cinquante ſept:

Signé DVTHIER,

www.ingramcontent.com/pod-product-compliance
Lightning Source LLC
LaVergne TN
LVHW020652200726
843508LV00002B/733